Tucholsky Wagner Zola Scott Sydow Freud Schlegel
Turgenev Wallace Fonatne
Twain Walther von der Vogelweide Fouqué Friedrich II. von Preußen
Weber Freiligrath Frey
Fechner Fichte Weiße Rose von Fallersleben Kant Ernst Frommel
Richthofen
Engels Fielding Hölderlin
Fehrs Faber Flaubert Eichendorff Tacitus Dumas
Maximilian I. von Habsburg Fock Eliasberg Ebner Eschenbach
Feuerbach Eliot Zweig
Ewald Vergil
Goethe Elisabeth von Österreich London
Mendelssohn Balzac Shakespeare Dostojewski Ganghofer
Lichtenberg Rathenau Doyle Gjellerup
Trackl Stevenson Hambruch
Mommsen Tolstoi Lenz Droste-Hülshoff
Thoma Hanrieder
von Arnim Hägele Hauff Humboldt
Dach Verne
Reuter Rousseau Hagen Hauptmann Gautier
Karrillon Garschin
Defoe Hebbel Baudelaire
Damaschke Descartes
Hegel Kussmaul Herder
Wolfram von Eschenbach Schopenhauer Rilke George
Bronner Darwin Melville Grimm Jerome
Campe Horváth Aristoteles Bebel Proust
Bismarck Vigny Barlach Voltaire Federer Herodot
Gengenbach Heine
Storm Casanova Tersteegen Grillparzer Georgy
Chamberlain Lessing Langbein Gilm Gryphius
Brentano Lafontaine
Strachwitz Claudius Schiller Kralik Iffland Sokrates
Katharina II. von Rußland Bellamy Schilling
Gerstäcker Raabe Gibbon Tschechow
Löns Hesse Hoffmann Gogol Wilde Vulpius
Luther Heym Hofmannsthal Gleim
Roth Klee Hölty Morgenstern
Heyse Klopstock Kleist Goedicke
Luxemburg Puschkin Homer Mörike
Machiavelli La Roche Horaz Musil
Navarra Aurel Musset Kierkegaard Kraft Kraus
Lamprecht Kind Moltke
Nestroy Marie de France Kirchhoff Hugo
Laotse Ipsen Liebknecht
Nietzsche Nansen
Marx Ringelnatz
von Ossietzky Lassalle Gorki Klett
May Leibniz
vom Stein Lawrence Irving
Petalozzi Knigge
Platon Kafka
Sachs Pückler Michelangelo Kock
Poe Liebermann
de Sade Praetorius Mistral Zetkin Korolenko

Historia de Teruel

Cosme Blasco

Pie de imprenta

Autor: Cosme Blasco
Diseño de la cubierta: toepferschumann, Berlín (Alemania)

Editorial: tredition GmbH, Hamburgo (Alemania)
ISBN: 978-3-8495-2548-4

www.tredition.com
www.tredition.de

HISTORIA

DE

TERUEL.

por

DON COSME BLASCO,

CATEDRATICO.

Imprenta de J. Alpuente. — Año 1870.

Es propiedad de su autor.

ÍNDICE.

AL

Excmo. Ayuntamiento Constitucional

DE LA MUY NOBLE, FIDELISIMA, HEROICA, VENCEDORA Y EXCELENTISIMA

CIUDAD DE TERUEL.

EXCMO. SEÑOR.

Nacido en el hermoso suelo aragonés, cuna del valor y de la lealtad, he admirado siempre las glorias de las tres provincias que constituyen este antiguo reino, de inmortal memoria.

Un deseo vehemente de que el noble y generoso pueblo turolense, de quien V. E. es dignísimo representante, tuviera un libro que guardase las glorias de sus mayores; ha sido el único móvil que he tenido para escribir la Historia de Teruel, *humilde obra que hoy, lleno mi corazón de indecible gozo, tengo el distinguido honor de dedicar a V. E.*

Si tiene a bien aceptarla y ponerla bajo su égida, será para mi el mayor galardon que V. E. puede concederme.

Excmo. Sr.
Cosme Blasco.
Omnia mutantur naturæ lege creata:
Nec se cognoscunt terre vertentibus annis.

Manilio.

HISTORIA DE TERUEL.

PRIMERA PARTE.

Capítulo primero.

Teruel la antigua.—Punto que ocupaba.—Sus primeros pobladores.— Diferentes nombres que ha recibido.—Su demolición.—Desgracia de sus habitantes.—El rio Guadi-Alviar.—Villa-vieja.

No es nuestro propósito escribir una historia completa de la Ciudad de Teruel, proponémonos sólo dar a conocer algunos apuntes tomados de los libros que hemos visto [1], y que por cierto no se ocupan mucho de nuestro asunto; y de los datos que nos han suministrado varias personas de las mas ancianas de la población.

Como obra humana, como obra de un jóven, de esperar es que contenga alguna que otra inexactitud; pero no dudamos que de todo seremos dispensados, siquiera sea por nuestra confesión franca y sincera, y lo que es más, por nuestro buen deseo de publicar las invidiables, preclaras e imperecederas glorias de Aragón, país para nosotros tan querido, país que al ojear una tras otra las páginas de su historia, llénase de noble orgullo nuestro corazón.

¡Dichosos aquellos hombres, que escapados por fortuna de la general esclavitud, echaron sobre las cumbres del Uruel la primera raíz de aquel árbol que fragante y pomposo, había de extender su sombra hasta los cristalinos mares de Sicilia y Constantinopla!

¡Preciosa tradición que repite en su murmullo el torrente al precipitarse de lo alto de las nevadas montañas!

¡Magnífica epopeya que parece relatarnos el viento que gime por entre los jarales del Pirineo!

Teruel la antigua, llamada *Turba* o *Túrbula*, que, según el P. Traggia contaria de setenta a ochenta vecinos, se hallaba situada en el lugar que hoy ocupa el ex-convento de Capuchinos, que se encuentra como a un cuarto de hora del punto en que hoy está la ciudad, frente al puente llamado del Cubo y a la izquierda de la carretera de Zaragoza, yendo de esta capital a la que es objeto de las presentes líneas.

A nuestro humilde juicio y conformes con el de personas competentes que han estudiado el terreno, ocupaba la antigua población principalmente una gran parte del sitio en que hoy se extiende el Barrio de las Cuevas, barrio que viene a terminar por casi detrás de la actual Casa provincial de Beneficencia, y designado con aquel nombre por las muchas cuevas que hay, y por los restos de otras que en su tiempo serían tal vez ocupadas por los moros.

Créese por algunos, que los primeros pobladores de la primitiva ciudad fueron los fenicios, y que el nombre de esta era *Turba*, palabra que deriban unos de *Turba oppidum*, latino; otros de *Turbalium*, griego, pueblo turba, compuesto de este nombre y de leos, pueblo: no falta quien como el erudito D. Miguel Cortés le haga venir tambіén del hebreo *Thor* y *bat*, que significa lo que *Domus tauri*: admisible hasta cierto punto parece esta esplicación, si atendemos a que la voz *bat*, o *bet*, se halla en la composición de muchos nombres de nuestra primitiva nomenclatura geográfica, que lejos de repugnar a la explicación hebraica de Cortés, podría citarse aun en su corroboración: lo mismo sucede con la voz *Thor*, pues, aunque por diversidad de aplicaciones, parece menos segura su razón o su significado, todos los objetos, cuyos nombres la ofrecen, tienen la esencial circunstancia de la fortaleza y el toro, que parece símbolo de esta, pudo tener por nombre lo que no era mas que adjetivo para los demás objetos. Aun se confirma esto con las medallas celtíberas que se han hallado en los contornos de Teruel, «en las que se ve el buey arrodillado, en ademán de recibir las divinas influencias de la diosa Venus, representada en el lucero, con caracteres celtíberos en el exergo, que a lo que podemos congeturar, quieren decir: *Santo Dios Toro*.» (Cortés.)

Otros, en su afán de acumular nombres, vengan o no al caso, se acomoden o no a la historia y geografía; la aplican los de *Tintania*, *Turupia*, y *Tiar-Julia*, y hasta el de *Turdeto* o *Turbeto*, suponiendo haberla fundado los turdetanos que los cartaginenses enviaron de la Bética o Andalucía, para oponerlos a Sagunto confederada de los romanos: el mismo poco caso que hacemos de estas palabras, hacémoslo extensivo a la de *Terulium*, que Don Juan de la Serna trae en su diccionario geográfico.

En lengua fenicia se llamó *Thorbat* o *Thorbet; Turba* en la celtíbera y *Túrbula* en la latina: con este último nombre la designa Tolomeo.

Esta ciudad, tanto por su situación en territorio que fue de los celtíberos, como por la alusión de los nombres, es indudablemente la famoso *Turba* o *Túrbula* de la España primitiva: sus habitantes los turditanos, turboletas o turbuletas, cuya capital fue *Turba*, estuvieron en guerra con los de Sagunto por cuestión de límites: es consiguiente que aquellos, no solo no se opondrían a la ruina de la desgraciada ciudad, sino que serían los primeros en acometerla al frente de su poderoso auxiliar el ejército de los cartagineses, de quienes *Turba* fue constante aliada.

Cuando los saguntinos pidieron condiciones honrosas para evitar la total ruina que llegaron a mirar de cerca, una de las que se les impuso fue la restitución de los territorios que tenían usurpados a los turbuletas. Estos vieron por fin colmados sus deseos con la destrucción de Sagunto, heroica ciudad digna de mejor suerte, y entraron en posesión de los territorios cuestionados, mientras aquellos de sus enemigos que habían sobrevivido a los horrores de tan terrible guerra, eran vendidos por esclavos.

Condición tan desgraciada, poco haría temer ya a los turboletas o turbuletas de la rivalidad saguntina, mayormente en vista de lo que había valido a esta asolada ciudad la decantada amistad romana, y que su destructor Aníbal tramontaba los Pirineos y los Alpes en además de llevar igual suerte sobre la misma Roma.

Pero.... eran otros los decretos del destino. Tres años después los Escipiones, victoriosos de los ejércitos cartagineses por toda la España citerior, libertan del cautiverio a los desgraciados saguntinos, les restituyen sus ruinas, y sus campos y aldeas quedaron tributarios de sus antiguos émulos.

Tolomeo hace mención del río *Pallantia* (Turia), que en tiempo de Festo Avieno se llamó *Canus flumen* o río blanco, con cuyo nombre le hallaron los árabes, y le llamaron *Guadi-Albiar*, que quiere decir también río blanco: el nombre primitivo de este río, fue *Turia*, derivado de *Tur-iar*, esto es, río de Turba.

Tiempos después de ser destruida la antigua *Turba*, se edificó en la parte mas llana del mismo sitio una ermita dedicada a N.ª S.ª de la Cabeza, ermita que, cuando el convento de Capuchinos se quitó del punto que hoy ocupa el paseo del Obalo, y se trasladó a donde estaba *Turba*, quedó encerrada en una Iglesia mayor, obra que tuvo lugar por los años 1797: desde la fundación de dicha ermita, se celebra en ella por la Pascua de Resurrección una fiesta a la Virgen de la Cabeza; muchos vecinos de Teruel y sus barrios acuden a allí en animada romería, y raro es el que, además de otras viandas, no lleva una tortilla: de esta antigua costumbre viene el que la clase humilde del pueblo de Teruel llame a aquella Pascua, «la de las tortillas.»

Junto a dicha Iglesia, hay un edificio bastante espacioso, reedificado en parte y arreglado todo por disposición del Obispo (hoy difunto) D. Francisco de Paula Gimenez, en el año 1867, y ocupado por los Paules desde este año hasta el mes de Octubre de 1868.

Muy cerca también de la misma Iglesia hay una fábrica de bayetas y otros efectos, y algunas casas de mediano aspecto donde viven los que trabajan en el establecimiento: los Teruelanos distinguen este sitio con el nombre de *Villavieja*, sin duda por haber estado allí la antigua *Turba*.

Capítulo II.

La moderna ciudad de Teruel. — Los árabes. — Su conquista por el rey de Aragón. — Opiniones sobre su población. — El toro y la estrella de las armas de Teruel. — Cual es la opinión mas verosímil.

Afirma el Sr. Cortés que la fábrica de los muros y torres de Teruel, sus magníficas puertas de grandes sillares etc., son restos de su antigüedad romana, pero todo lo que se dice de esta ciudad relativamente a Cesar es imaginario y así mismo cuanto se quiera aumentar respecto de la edad de los romanos; pues ni la gran diligencia con que aquel escritor buscó las antigüedades de Teruel, de la que dio origen al pueblo de su naturaleza, bastó a proporcionarle otras noticias hasta la invasión de los árabes, época en que empezamos a encontrar datos, verdaderos en su mayor parte, sobre la moderna ciudad que nos ocupa.

El Sr. Cean Bermudez, al tratar del origen y nombre de esta, dice que *parece* que después que los romanos demolieron la antigua

Turba y vendieron por esclavos a todos sus habitantes, la repararon después los moros con murallas sobre los cimientos antiguos, entre los que se encontró una figura de toro, la que con una estrella adoptaron los vecinos por armas en campo rojo, y dándole otro nuevo nombre de *Torbél*.

Hasta aquí el Sr. Bermudez, reservemos nuestra opinión para después, y veamos ahora como explican los manuscritos antiguos y las personas mas ancianas de la ciudad, la fundación y población de la moderna Teruel.

En el año 1170 el rey D. Alonso II de Aragón venció a los moros de las riberas de Alfambra y Guadalaviar, y en el siguiente de 1171, según Zurita, fundó y pobló en las riberas del segundo de estos ríos la ciudad de Teruel; duró uno y otro hasta el 1177, esto es, seis años, estando en guerra con los moros que se oponían con gran resistencia a llevar a cabo la obra, que se inició así:

Conquistando iba dicho rey, el terreno que ocupaban los moros, cuando llegó frente a un pequeño cerro cubierto en su mayor parte de espeso bosque y malezas (cerro que hoy ocupa Teruel), y conociendo los caballeros que componían el principal acompañamiento de D. Alonso, que aquel sitio era favorable para fortificarse y dejar gente que pudiera quedar allí para sostener el empuje de los enemigos, caso de tener ellos que retirarse; o de punto de descanso, caso de seguir avanzando, determinaron echar los cimientos a una nueva ciudad: ocurrió, que al dirigirse al bosque, divisaron un toro que apenas les vio, empezó a mugir fuertemente y a retirarse hacia el interior, observando al propio tiempo en el firmamento una estrella, que al parecer de los caballeros seguía la misma dirección que el toro. Creyendo este suceso providencial, internáronse mas en el bosque, y encontraron casi en la cumbre del cerro al mismo animal, parado y sin demostrar fiereza alguna, debajo precisamente de la estrella cuya dirección habían seguido: con este motivo fundaron allí la nueva ciudad, que pusieron por nombre *Toro-el* (el Toro), que por corrupción ha venido a cambiarse en *Teruel*, y hé aquí porque el toro y la estrella se encuentran en las armas, escudos, monumentos y demás objetos que se refieren a la ciudad de que hablamos.

Lo que acabamos de narrar aparece confirmado en el M. S. que se conserva en la Biblioteca de la Academia de la Historia, Colección del P. Traggia, t. XIX, confirmación que, escrita con la sencillez primitiva no exenta de la tosquedad y rudeza propias de la edad media, dice así:

«Según cuentan los viejos, en el tiempo pasado de Teruel ayusso toda la tierra hera de moros. En aquel tiempo vino el noble señor D. Alfonso por gracia de Dios rey daragon, compte de Barcelona et marqués de Proenza a da quel lugar que hera de Santa María de la villa vieja de Teruel con buena gent et de grant esfuerzo de tener frontera contra los moros. Et el dito señor Rey tractaba et ordenaba entre sí si pudiese en esta comarca hacer una villa. Empezó vidiendo que hera muy peligrosa cossa defer por la grant meltitud de moros q. heran arededor a todas partes; temiose q. no podrie haver cabo de q. se perderien en casa mucha gent, por esso hecholo assi en olvido, et la buena gent q. heran allí con el Rey entendieron la voluntat de el dito Rey.

«Et el gran dubdó, et con gran esfuerzo, digerónle; Señor, dadnos aquellos fueros, franquezas et libertades q. nos vos demandaremos por vos et por todos los vuestros et por todos tiempos para nos, et para los nuestros presentes et advenideros, et nos con ayuda de Dios poblarémos una villa en esta comarca, por la cual fiamos por Dios que conquerreremos et ganaremos mas tierra adelante.

«Et el Rey, visto el gran peligro et dificultat dijo q. él no lo queríe, ni le otorgaba, que grant vergüenza le seríe et menosprecio de comenzar obra non valedera, et dijoles que si tal cosa querien fer, que la ficiesen por sí, mas no por él, ni en su nombre, antes los agenaba et desnaturaba de sí como no vasallos suyos pda. (pérdida o prendida) lux obra no hubiese cabo, que a él no fuese vergüenza, ni le pudiese seyer retrahido q. había comenzado tal obra, et que no le había dado cabo. Et la buena gent con grant esfuerzo digeron que ellos si querían aventurar a la merced et ayuda de Dios. Et de si dejolos el Rei con grant horrencia, et encomendolos a Dios, et a la buena gent que aquí fincaron, amándose como a buenos hermanos et teniéndose buena voluntat los unos a los otros.

«En el nombre de Dios pusieron en obra la dicha población et andaron por todas las otras muelas que están cerca esta villa, et non hubieron tan buenos señales como en esta muela do es agora la villa de Teruel. Et los adalides [2] et los mas sabidores de tal fecha subieron a la muela et allí do es agora la plaza de mana en el alba trobaron un bel toro et andaba una bella estrella sobre él. E luego que los vido el toro comenzó a bramar et fuir et luego lo trobaron manso et digeron los adalides que aquí habían buenas señales por fer la población do aquel toro les clamaba; et daquel encuentro daquel toro tomaron señal.

«Et por esto facen en la señal toro y estrella.....

«Et luego con gran traballo comenzaron a fer los muros de la villa, no solament con agua et con tierra et con piedra, mas aun con sangre, por que los unos lanzaban los muros et los otros defendienlos et combatiense con los moros. Et de primero ficieron un antipecho con que se defendiesen, et fendo aquel et lidiando con los moros, murien los homes cada día sobre los fundamientos de los adarves, volviendo hi lur sangre, sobre la qual sangre multiplicaban los adarves.»

Sentadas estas opiniones, diremos que, a nuestro humilde juicio, pudieron muy bien los moros construir gran parte de los cimientos de la nueva ciudad y alguno que otro edificio y destruir a su huida lo poco o mucho que pudieran, aprovechando después los caballeros del Rey D. Alonso aquellas ruinas para elevar y fortificar las murallas, y levantar nuevos edificios.

Capítulo III.

Importancia de la nueva ciudad de Teruel. — Servicios prestados al Rey por el caballero D. Pascual Sanchez Muñoz. — Resultado de la primera expedición a Valencia. — Conquista de esta ciudad. — Los Muñoces y Marcillas.

Dio el Rey el feudo y honor de Teruel, como se usaba entonces a un rico hombre de Aragón, llamado D. Berenguer de Estenza, y señaló a los caballeros [3] que la poblaron, para su régimen y gobierno, el fuero antiguo que el Rey D. Sancho el Mayor y anteriormente los Condes Fernan Gonzalez y García Fernandez habían dado a los habitantes de Sepúlveda.

Desde los primeros años de la repoblación adquiere suma importancia el naciente puesto avanzado de Teruel; allí se preparan todas las expediciones que hacen los caballeros cristianos al reino de Valencia; secreto presentimiento les está diciendo que no tardará en derrumbarse el poderío musulmán por aquella parte de España; que pronto caerá Valencia en sus manos, y allá van a Teruel cuantos quieren enriquecerse con el botín de la victoria.

El año 1225, mandó el Rey despachar cartas de llamamiento a los ricos hombres que tenían las villas y lugares, para que se reuniesen en Teruel con sus correspondientes mesnadas; el Rey trataba de entrar en el Reino de Valencia y apoderarse de algún lugar muy principal, para cuya empresa le sirvió con espléndidos donativos Don Pascual Sanchez Muñoz, que había sido privado del Rey D. Pedro III y pertenecía a las mejores y mas principales familias que se establecieron en Teruel, habiendo ofrecido dar el Rey para aquella guerra, el dinero que fuese necesario, y encargándose además de facilitar a la gente de armas, los víveres que se necesitaran para el consumo de tres semanas.

Esta primera expedición no tuvo resultado, por culpa de D. Pedro Ahones, magnate poderoso que arrastró a los ricos hombres a la confederación y liga que se hizo en Alagon; con este motivo el Rey se volvió a Teruel, partió para Zaragoza, y dada orden para prender a Ahones, este al huir, fue matado de una lanzada.

A principios del año 1232, supo el mismo Rey que los del concejo de Teruel se habían apoderado de Ares, lugar fuerte en los confines del reino de Valencia, y casi al mismo tiempo le llegaron mensajeros con la noticia de que Morella se había rendido a D. Blasco de Alagon, oriundo de la villa de Sallent, valle de Tena en el Alto-Aragón; en vista de esto, marchó a Teruel, y allí recibió el homenage que le tributó Zeit-Abu-Zeyt [4], emir destronado de Valencia, de serle fiel valedor y amigo en la proyectada conquista, llevada a cabo en 1238.

En 1322 empezaron los célebres bandos de Teruel entre las dos familias rivales de Muñoces y Marcillas, que durante mucho tiempo se disputaron la supremacia del gobierno de la ciudad. Zurita cuenta que fue allá un hijo de Alfonso IV para apaciguarlos. Tan encrespados estaban los ánimos que un día en presencia del infante vinieron a las manos estando en su mismo palacio, y solo pudo dominar por entonces aquellas turbulencias, desterrando a Juan Sanchez Duran, verdadero promovedor, por cuatro años fuera del reino.

Capítulo IV.

Continúan los célebres bandos de Teruel. – El Rey D. Pedro IV, concede a Teruel el título de ciudad. – Guerras entre D. Pedro de Aragón y D. Pedro de Castilla – Las Comunidades – Las Córtes celebradas en la Iglesia de Santa María. – El Juez de Teruel D. Francisco Villanueva. – Los Reyes Católicos en Teruel.

Algún tiempo después del en que hemos dejado la narración de los sucesos de Teruel volvieron a renacer las rivalidades entre las familias Muñoces y Marcillas, pues en los Anales de la ciudad háblase de muchas muertes y heridas en 1356; de haber sido quemado vivo en la plaza del Mercado de Teruel, Ramiro, hijo de Ferránt-Sanchez Muñoz, en 1366; y de otra refriega que hubo en la plaza en 1461, durante las fiestas que se hicieron para obsequiar a los infantes de Aragón que habían ido a la ciudad.

El año 1348, año de triste recuerdo en la historia de Aragón por la peste desoladora que afligió el reino, las Córtes que se celebraban en Zaragoza, hubo necesidad de trasladarlas a Teruel que ya estaba libre de la epidemia.

Durante la estancia del rey D. Pedro IV, recibió Teruel el título de ciudad y por disposición del mismo monarca fueron restauradas sus puertas y murallas que ya se encontraban en ruinoso estado: los teruelanos, agradecidos por la predilección que manifestaba el Rey a su ciudad, diéronle repetidas muestras de lealtad auxiliándole en la guerra de la Unión, y en 1347, tomaron parte en la batalla de Játiva, en la cual murió su jefe Pedro Muñoz.

Mucho sufrió Teruel, durante las guerras que hubo entre D. Pedro de Aragón y D. Pedro de Castilla, guerras que causaron innumerables daños en varios pueblos, sobre todo en los que están situados en la zona comprendida entre Daroca (en la carretera de Zaragoza) y Sarrion (en la de Valencia): muchas aldeas fueron quemadas, y otras en el partido de Teruel quedaron despobladas; entre ellas Alcamin, Alcarria de Bellestar, Cañada de García Lopez,

Castellon de Cabras, Gazapos, Cuevas de Rocin, Gallél, Hornos, Malezas, Piedra del Salz, Vallidau, Fuentes de Garcia y Villar de Menga.

Lo mas recio del empuje castellano lo tuvieron que resistir las comunidades de Calatayud, Daroca, y especialmente Teruel; y para proveer en lo que convenía a la defensa del reino, nombró en 1363 Don Pedro IV, por capitanes de la Comunidad de Teruel (cuya casa se conserba en esta ciudad), a D. Guillen Ramón de Ceruelo y a un caballero llamado Garcia Ganosa, entrambos muy valientes y prácticos en las cosas de la guerra, y dispuso que se derribasen los lugares y fortalezas de aquella comarca, que no estuvieran en disposición de defenderse y que la gente se guareciera en los lugares fuertes: nombrose igualmente a D. Pedro, Conde de Urgel y sobrino del Rey, Capitán general de la Comunidad y ciudad de Teruel, plaza fuerte que, después de nueve días de sitio, y merced a una traición fue tomada por los Castellanos en 1364, y estuvo en poder de estos hasta el 5 de Abril de 1367.

En 1427, estando en Valencia el Rey Alfonso V, mandó convocar Córtes del reino de Aragón para la ciudad de Teruel, y se reunieren el 19 de Noviembre del mismo año, celebrándose las primeras sesiones en la Iglesia de San Martín de Teruel y por disposición del Monarca se trasladaron luego a la de Santa María de Mediavilla (parte de la Catedral actual).

Estas Córtes duraron hasta el mes de Abril de 1488, y una de las cuestiones importantes que en ellas se trataron fue, la unificación monetaria en toda la corona de Aragón, para cuyo efecto llegaron comisionados de Barcelona, de Valencia y de Mallorca.

Alfonso V dio algunas disposiciones sobre la integridad de los antiguos fueros de Teruel, disposiciones que, así como algunos odios personales, suscitaron la oposición vigorosa de Francisco Villanueva, juez que era de la ciudad de Teruel en aquel año: no quiso doblegarse al mandato del Rey, y pagó con la vida su entereza pues murió ahogado en las antiguas casas consistoriales y arrojado su cuerpo desde el balconaje a la plaza del Mercado.

Su cadáver fue enterrado en la Iglesia de San Pedro, el día seis de Diciembre de 1427, y para sustituirle fue nombrado juez de Teruel, D. Martín de Orihuela.

En 7 de Enero de 1482, los Reyes Católicos que venían de Valencia, entraron en Teruel acompañados de numeroso séquito, del cual formaban parte el Cardenal Mendoza, y muchos grandes de Castilla y de Aragón; fueron recibidos del vecindario con extremado regocijo y grandes fiestas; juraron los reyes en la Iglesia de Santa María los privilegios y libertades de la ciudad, recibiendo de esta un donativo de doscientos florines de oro: Teruel, durante la permanencia de las regias personas, fue ricamente engalanada con tapices y caprichosos arcos de triunfo, por las noches estuvo profusamente iluminada, y sus calles pobladas a toda hora de los habitantes de los pueblos inmediatos, que acudieron a danzar y cantar ante los reyes católicos, a quienes ofrecieron ricas telas, exquisitas frutas, buenas maderas de construcción, y minerales de muchísima estimación.

Dos años después de la llegada de las augustas personas, promoviéronse en Teruel algunos alborotos con motivo del establecimiento de la inquisición, en los que peligró la vida del Inquisidor Juan de Solivella: el 7 de Enero de 1486 se celebró un auto de fe, del que hablaremos mas adelante.

Capítulo V.

Comunidad de Teruel. – Teruel en 1591 y 1592.

El origen de la Comunidad de Teruel, [5] se remonta al reinado de D. Alonso II, que hizo donación a los pobladores de la villa de un estenso territorio que no abarcaba menos de cien aldeas, número que fue disminuyendo con el tiempo hasta quedar reducido a noventa que tenía en los últimos años del siglo pasado: el mismo rey les concedió los fueros de Sepúlveda o de Estremadura, que diferían bastante de los generales de Aragón.

Durante los dos primeros siglos después de la reconquista, conservose intacta la supremacia de Teruel sobre las aldeas, pero a medida que estas fueron aumentado su riqueza y su vecindario, quisieron naturalmente intervenir de una manera mas eficaz y directa en la administración de justicia, y de aquí las prolongadas contiendas que empezaron a mediados del siglo XV, y no terminaron hasta el reinado de Cárlos II.

Ciento cincuenta años antes de la época citada, esto es, por el año 1300, ya se habían separado las aldeas de la villa, en lo tocante a los asuntos puramente administrativos, formando su concejo independiente al que se llamaba el Común de las aldeas, sin que para evitar esta separación bastara la influencia del mismo Rey de Navarra, lugarteniente del Reino que en 1450 fue a Teruel; al fin terminó todo en 1601, pues se deslindaron por el Rey los derechos de cada parte.

El mecanismo de la organización y gobierno de la Comunidad de Teruel, era el siguiente: de conformidad con los fueros de Sepúlveda, había en la ciudad de Teruel un juez universal para todos los pueblos de la Comunidad y alcaldes que conocían de las causas civiles y criminales: de las decisiones del juez de Teruel, parece que no se admitía apelación en la Audiencia del Reino, pudiendo hacerse solo por el recurso llamado de Perorencia: según el fuero se nombraban los jueces por suerte, pero desde 1444 fueron nombrados por los reyes.

Los pastos, maderas y leñas de los montes y dehesas de la Comunidad, eran de uso común para todos los pueblos que la componían, pero el pago de décimas y de los impuestos reales, así como todo lo que se refiere a la jurisdicción local, era propio y esclusivo de los Concejos de las aldeas, que obraban en esto con completa independencia de la Comunidad: esta comunión de intereses no se limitaba únicamente al goce y aprovechamiento de los términos, sino que se estendía a los servicios que de tropas y dinero se hacían a los reyes, y como quiera que desde tiempo inmemorial hubiese querellas sobre la cantidad con que debían contribuir la villa y respectivamente las aldeas, se declaró por varias sentencias, que las últimas contribuyesen con tres partes, y la primera con lo restante, o sea una cuarta parte, cuya jurisprudencia estuvo en uso hasta que se establecieron las leyes de Castilla.

A principios del siglo XIV, cada pueblo de la Comunidad tenía su concejo particular que lo regía en el orden político, económico y contencioso, con subordinación a los jueces de Teruel: con delegación de todas las aldeas se formaba una junta general, presidida por el procurador general, y a la cual asistían seis regidores llamados de *sexma*, a causa de estar todo el territorio dividido en seis trozos o partes, compuesto cada uno de doce o trece pueblos: existía además otra junta llamada *Pliega general*, compuesta del Procurador general, regidores de sexma, y un jurado y prohombre de cada pueblo, ascendiendo a ciento cincuenta el número total de miembros, y a cuyo cargo estaba la determinación de los asuntos mas arduos de la comunidad.

Los jueces de Teruel fueron nombrados por elección popular, hasta que Don Fernando el Católico, bajo pretesto de que aquellos funcionarios no tenían fuerza para dominar los bandos y discordias que había en la ciudad, y entre esta y las aldeas, decidió que en lo sucesivo fueran de nombramiento real. Cárlos V. siguiendo la tradición de sus abuelos, así en Aragón como en los antiguos reinos de la monarquía, envió a Teruel, entre otros a Juan Perez de Escanilla, que murió en una conmoción popular que había salido a sosegar; viniendo después por orden de Felipe II D. Matías de Moncayo, Señor de Ráfales, que aparece en la historia con el nuevo dictado de presidente de Teruel.

Los de esta ciudad favorecían las pretensiones de D. Pedro Fernandez de Heredia al priorato de Alfambra, (pueblo inmediato a Teruel), del cual querían desposeer al Comendador Bou que le tenía en secuestro; y siendo contrario a este intento el presidente Moncayo, hallándose en una junta celebrada en Rubielos (villa de la provincia), los jurados de Teruel quisieron escluirle de ella, presentándole al efecto una *Firma* o decreto de la Córte del Justicia de Aragón.

Sabedor de esto Felipe II decidió que Moncayo sostuviera su autoridad y que no permitiera la invasión y el intento de los de Teruel, y en 30 de Junio de 1562, le mandó que procediese contra los jurados de Teruel y demás que le hubiesen presentado las firmas, como infractores del fuero promulgado por Pedro IV, en virtud del cual estaba prohibido a la ciudad y comunidad de Teruel recurrir al Justicia de Aragón por vía de firmas y manifestaciones.

Reacios los firmantes, tomó el rey una resolución definitiva: comisionó al Duque de Segorbe para que fuese a Teruel con dos mil soldados y defendiese su autoridad, si con la fuerza fuere atacada: entró el Duque en la ciudad medio en son de guerra, y para mas seguridad y mayor significación del encargo que llevaba, mandó reedificar un antiguo castillo [6] que estaba casi derruido y puso en él fuerza bastante para defenderlo.

No se intimidaron los turolenses con la presencia del Duque y de sus soldados; antes por el contrario, se querellaron por conducto de su juez ordinario y alcaldes, a la Córte del Justicia y obtuvieron firmas y provisiones de aquel tribunal: mandó el Duque proceder contra aquellos funcionarios, y estos, lejos de ausentarse, y dando pruebas de un valor cívico, muy común entonces, se estuvieron quietos en sus casas, y el Duque los mandó poner presos en el castillo, sin que por ello desfalleciese el ánimo de aquellos dignos ciudadanos. Nueve años duró su prisión, y bien se alcanza que si resultaran culpables, no perdiera la ocasión de castigarles el inexorable Felipe II; pero salieron libres en 1580 por mandamiento del mismo rey.

Bien merece, que consignemos en este lugar, los nombres de tan ilustres patricios, que fueron: Pedro de la Capilla, juez ordinario; Bernardino de la Mata, alcalde; Miguel Juan y Francisco Malo, individuos de familias distinguidas; Gerónimo Dolz, asesor del juez de Teruel, y Gerónimo de la Mata, síndico; de los cuales, el último, fue muy versado en las leyes y privilegios de la comunidad, y los teruelanos le comisionaron, juntamente con el doctor Gil Garnier, para que fuese a la córte de Felipe II a informar y reclamar lo que mas conviniera en el asunto que se debatía: con tal obgeto escribió y presentó al rey y al Supremo Consejo de Aragón un tratado en forma de memorial, en que se daba noticia de las leyes de la Comunidad, de su uso, y de los sucesos desde el año 1570 hasta el 1579, y del temperamento que daban de si estos mismos sucesos.

La lucha entre los poderes locales y el poder central, fue por aquellos tiempos en estremo porfiada, especialmente en Aragón, y sobre todo en la ciudad de Teruel, y aunque las Córtes de Monzon celebradas en 1585 decidieron que las ciudades y comunidades de Albarracin y Teruel podían acudir al Justicia como todos los aragoneses, pero que no podían hacerlo en los casos en que se lo prohibiese algún fuero o ley particular: esta sentencia no dejó satisfechos ni a los partidarios de la autoridad real ni a los defensores de los fueros: cada cual la interpretaba a su modo cuando era menester aplicarla, y en tal estado las cosas, llegaron las alteraciones y sublevación de Zaragoza, de los años 1591 y 1592.

El desenlace de tales hechos fue, en Zaragoza la decapitación del Justicia mayor D. Juan de Lanuza, y algún tiempo después las de Pedro Fuertes, Dionisio Perez, Francisco Ayerbe, Don Diego de Heredia y D. Juan de Lunas; y en Teruel, fueron descuartizadas nueve personas en castigo de la muerte de los hermanos Novellas [7], que se habían mostrado propicios a la autoridad real, y que espada en mano, se defendieron heroicamente.

Capítulo VI.

Teruel desde el reinado de Felipe II hasta la conclusión de la guerra civil – Noticias de diversas épocas.

La ciudad, objeto de este libro, no siguió el impulso de Aragón, y abrazó la causa de Felipe V, manteniendo a sus espensas un batallon de seiscientos hombres, que hizo la guerra desde 1705 a 1715.

Durante la guerra de la Independencia sufrieron la ciudad y la provincia las varias alternativas de aquella prolongada lucha, y muchos de sus habitantes fueron a reforzar, como buenos aragoneses, las huestes de los zaragozanos en los memorables sitios, y las de otros puntos donde sus hermanos peligraban, no apartando entre tanto su vista de Teruel, a la que acudieron a socorrer en el sitio que sufrió de los franceses.

Parte no menos activa tomó en la guerra fratricida que llenó de luto a las familias de España: no queremos recordar hechos que para bien de unos y otros quisiéramos ver borrados del universal libro de la Historia; consignemos solo que en los dos bandos diéronse pruebas de valor y hubo verdaderos héroes; como también hubo distinguidas heroínas en la provincia de Teruel; tal fue en Montalban *Manuela Cirugeda*, de veintidos años, hija de la misma villa, que sirvió en el sitio de esta como el nacional mas denodado, corriendo los puestos de mayor peligro, hasta del cansancio y las fatigas, se le originó una enfermedad, de que sanó en la sala de distinguidos del hospital de Zaragoza; tal fue, por último, la heroína de Monreal del Campo, *Francisca Latorre*, de cuarenta y un años, que mereció y obtuvo la Cruz de San Fernando por su heroico comportamiento.

Espuestas ya las noticias anteriores, tomadas en parte de la Crónica general de España, obra en la que aparece un trabajo sobre la provincia de Teruel, firmado por el malogrado jóven D. Pedro Pruneda; vamos a dar otras sueltas que comprenden épocas distintas de la historia que nos ocupa, aunque sea a trueque de faltar a una relación ordenada.

—La primera casa que se hizo en Teruel fue la que tiene dos arcos en la plaza del Mercado, propia del Escribano D. Juan Dolz.—En 1222, existían ya las Comunidades de Teruel y sus villas: mas adelante de la notable casa de la Comunidad, cuyo frente da a la plaza de la Marquesa, (hoy de la Libertad).—En 1336 enterraron vivo en Teruel a D. García de la Foz por haber matado traidoramente a un compañero suyo.—En 1364, día de San Marcos, fue la toma de Teruel por los Castellanos reinando D. Pedro IV en Aragón, y D. Pedro el Cruel en Castilla.

—En 1375 fue muy rigoroso el invierno en dicha ciudad, y el miércoles de ceniza del mismo año a la hora de maitines hubo un fuerte terremoto que alarmó considerablemente a la población.—En 1379, llovió casi sin cesar desde el día 26 de Marzo hasta el 10 de Mayo: el trigo llegó a venderse hasta cinco sueldos [8] la fanega, y el centeno a dos y a cuatro dineros.—En 1402, hubo tantas mariposas que se comieron casi todas las hojas de árboles y viñas y fue un año abundantísimo en frutas.

—En 1405, llovió sin cesar en Teruel, tres días, y cubrió el agua toda la vega, desde la acequia de la Peña, hasta la del baño llamado de Pero Carmelo, y se llevó todas las paredes de los huertos.—En 1407, nevó tanto que había en tierra llana mas de ocho palmos de nieve que duró mas del mes de Marzo.

—En 1413, fue a Teruel, San Vicente Ferrer y estuvo detenido en la Iglesia de Santiago.—En 1418, D. Francés de Aranda, consejero y elector de reyes, noble caballero, intrépido soldado, monge fervoroso, alma templada para los grandes hechos y corazón formado para el bien, para la conmiseración y para la caridad inagotable; dejó para los pobres, aparte de otras cosas, una limosna de cincuenta mil sueldos de renta: murió el mismo Aranda en 1441.

—En 1420, Gil Sanchez Muñoz, hijo de Teruel, fue electo Papa.—En 1428, se incorporó la ciudad y comunidad de Teruel, a la corona de Aragón por Don Alfonso V.—En 1430, celebráronse Córtes en la Iglesia de Santa María de Teruel (ahora la Catedral), en donde está la capilla de N.ª S.ª de la Salud y la de San Felipe y Santiago.

—En 1421, (registro del notario Don Antonio Ferrer), D. Juan Galvez Heredia, Don Martín Garcés de Marcilla, y Mosen Juan Fernandez de los Arcos, fueron herederos de la infortunada Isabel, a la cual y su desgraciado amante D. Diego, bien merece que les dediquemos uno o mas capítulos, tomando la relación del hecho, de la tradición, y de algunos libros entre ellos del notable que escribió D. Esteban Gabarda, Abogado teruelano, quien con escrituras y otros muchos documentos justificativos probó la verdad del trágico suceso de que vamos a tratar.

Capítulo VII.

Los Amantes de Teruel.

Por los escritos que se conservan y por una constante tradición no interrumpida hasta nuestros días, saben los vecinos y moradores de Teruel, que a fines del siglo XII existían en esta ciudad las dos ilustres familias de los Marcillas y Seguras.

La casa solar de estos era la que hoy es cochera de la del Conde de la Florida y la de aquellos se hallaba al frente ambas familias pues, vivían en la antigua calle de Ricos-hombres (ahora de los Amantes), en la que todavía se conservan las casas de otras familias nobles, cuyas armas están sobre sus puertas.

D. Juan Diego Martínez de Marcilla [9] hijo de D. Martín Garcés de Marcilla y de D.ª Constanza Perez Tizon [10], profesaba desde sus mas tiernos años amorosa inclinación a *Doña Isabel de Segura*, hija única de D. Pedro Segura, amen de caballero muy rico: la sensible jóven correspondía tiernamente a la pasión de D. Diego, quien a la edad de veintidos años manifestó a su amada, que deseaba tomarla por esposa; Isabel le contestó que iguales eran sus deseos, pero que tuviera entendido no lo haría sin que sus padres se lo mandasen:

esta prudente contestación encendió mas en Marcilla la llama de su amor, y buscando ocasión propicia, hizo entender sus deseos al padre de la enamorada Isabel.

Este procuró desentenderse del casamiento de su hija con buenas palabras, diciendo: «que ciertament el era mui bien pagado del jóven, e que venía bien; non se quejase, e que su padre tenía otros fijos quen mas non le podía heredar, e quel podía dar a su fija treinta mil sueldos, e que apres tenía toda su casa, asá que non lo faría [11].

Desengañado Marcilla, y convencido de que la falta de riquezas era el verdadero obstáculo para conseguir la mano de su adorada Isabel, informó a esta de la contestación que le había dado su padre, y la persuadió le concediera un plazo de cinco años, ofreciéndola «ir a treballar por mar y por tierra en dó hubie dineros.» Colocada Isabel en la amarga alternativa de renunciar a su pasión o de disgustar a su padre, otorgó a su amante el plazo que le pedía, y Marcilla partió para la guerra contra moros, confiado en la fidelidad y constancia de su amada, y decidido a todo trance en adquirir lo que le faltaba.

Durante la ausencia de Marcilla no se descuidó el Padre de Isabel en procurar a su hija el desvanecimiento de su arraigada pasión, al efecto, evitó que esta adquiriera noticia alguna de su amante; trató de halagarla con las ventajas de otro casamiento y aun la hostigó para que tomase marido; pero Isabel, con filial y respetuosa modestia, diole por respuesta que las mugeres no se deben casar, sin que primero sepan y puedan gobernar la casa, y además tenía hecho voto de virginidad hasta los veinte años.

Su padre, que la amaba tiernamente y que tampoco desconocía la situación de su hija, quiso complacerla, y se resignó a esperar el plazo que ella indicaba, tratando al mismo tiempo de evitar que recibiese cartas ni noticias de su amante.

Llegó el día en que ya habían trascurrido los cinco años, y el padre de Isabel conoció ser llegado el momento de triunfar de la resistencia de su hija. Armado de su autoridad, de los halagos y de la persuasión, «Fija, la dijo: es mi deseo que tomes tu compañía.» Isabel, acosada por el vencimiento del plazo, ignorando la vida de Marcilla, recelosa de no haber tenido cartas suyas, y temerosa de oponerse a la voluntad de su padre, condescendió a la propuesta, y este aprovechando la oportunidad del rendimiento de su hija, hízola contraer esponsales con D. Pedro Fernandez de Azagra, heredero del Señorío de Albarracin, y al poco tiempo se celebraron las bodas.

Holgáronse de ello los padres y deudos de ambas familias, pero la novia dio en estar de adelante melancólica y pensativa; las galas servíanla de un torcedor y su trage era un vestido de luto. En el mismo día del convite de la boda, penetró un page en el aposento de Isabel y la dijo: que al viejo Marcilla acababan de darle noticia de que su hijo venía muy rico [12] y con salud, por lo que todos estaban llenos de regocijo. Con efecto, en aquel mismo día entró Marcilla en Teruel, y en la casa de sus padres le refirieron que Isabel se había casado con Azagra, hermano del Señor de Albarracin.

Según antigua tradición, Marcilla fue a Teruel por el camino de San Cristóbal, y al llegar a los Arcos oyó que daban las once en una torre de la ciudad, e hincando espuela a su cabalgadura dijo a su escudero: «Camacho, perdidos somos.»

Marcilla, aunque consternado con la infausta noticia del casamiento de Isabel, procuró empero cuanto pudo recatar su profunda pesadumbre, para no ahogar la alegría de sus regocijados padres, y se apercibió cauteloso para tener con ella una entrevista. Logró entrar disfrazado en la casa de su amada, la vio bailar en medio de los convidados, y traspasado de dolor abandonó aquel sitio de tormento y se introdujo en el aposento arreglado para el tálamo de los novios.

Concluido el festín y despedidos los convidados, se recogieron los desposados a su cuarto y Marcilla no pudo salir del sitio donde estaba escondido. El novio Azagra quiso usar del derecho que le concedía el matrimonio, pero Isabel le rogó y consiguió que se abstuviese por aquella noche, única que le faltaba para cumplir al cielo cierto voto.

Dormido ya Azagra, salió muy quedo Marcilla, y dominándose cuanto podía por no ser oído, habló y reconvino brevemente a Isabel; esta procuró disculparse por haber pasado el plazo, no haber recibido cartas suyas, y haberla obligado su padre cuando estaba celosa y desdeñada. En el fuego del amor, en el arrebato de los celos, y en premio de su fe y de sus servicios, pidió Marcilla a

Segura la fineza de un beso, pero esta se lo negó como esposa fiel y como honrada: Marcilla una y otra vez importunó a Isabel y una otra vez negose ella.

Luchando entonces el infeliz Marcilla entre el pundonor de caballero, la delicadeza de cortesano, y el fuego devorador de su pasión y de los celos, reconvino por última vez a Isabel diciéndola: «¿No consideras que sino fuera yo tan cortesano, tomara lo que te pido a la fuerza, matando a tu esposo y mi enemigo? Pero no lo permita el santo cielo, que no lo quiero yo sino con gusto: hazme pues este bien: bésame que me muero.»

Dijo, y no consiguiendo que Isabel accediese a su demanda, cayó exánime a sus pies, despidiéndose con estas palabras: *a Dios, Isabel*.

Luego que esta desgraciada reconoció el rostro de su amante, halló su frente sin calor, y observó que no respiraba su pecho, se convenció de la muerte, y prorrumpió en desesperadas voces y lamentos: despertose su marido y enterado del suceso, para libertarse de los procedimientos de la justicia y del enojo de los deudos de Marcilla, determinaron llevar su cadáver a la puerta de la casa de su padre, lo que ejecutaron sin ser vistos por la cautela con que lo hicieron, y por que, según digimos en otro lugar, la casa de los Marcillas se hallaba frente a la de los Seguras.

Al día siguiente, la luz descubrió el infortunio que la noche conservara oculto: los primeros que pasaron por la calle, reconocieron la identidad del cadáver de Marcilla y le hallaron cubierto el rostro con su montante al lado. Noticiáronlo a su padre, quien sobre dicho cadáver de su hijo, entre deudos y amigos, tributó el justo homenaje de paternal sentimiento y desahogó su pecho con imprecaciones de venganza.

Tan lamentable caso escitó la piedad de los sensibles teruelanos, y hasta el mismo esposo de Isabel acudió a la casa de Marcilla para quitar sospecha, y consolar al afligido padre. Luego que el sentimiento dio lugar a la reflexión, determinaron enterrar a D. Diego al día siguiente y prepararon tan triste acto con toda la pompa que se merecía un jóven tan célebre y distinguido, como funestamente desgraciado.

A la sazón Teruel era plaza de armas en la empresa que el rey D. Jaime quería hacer contra los moros de Valencia; había diez banderas de soldados y corporaciones eclesiásticas; componíase su población de aquellos soldados ilustres y aguerridos que, haciéndose superiores a los peligros y fatigas de la guerra, habían sabido levantar, según digimos antes, las murallas y fortalezas de la ciudad, contrarestando los continuos ataques de numerosos ejércitos moriscos.

En la Iglesia de San Pedro se celebraban las exequias de Marcilla; y el lúgubre clamor de las campanas anunció a Teruel la hora del funeral aparato: hombres y mugeres de distintas edades acudieron a la casa del difunto, así como los eclesiásticos de San Pedro y de las demás parroquias: el entierro marchaba en esta forma: iban delante los soldados en orden de batalla, detrás cuatro capellanes llevaban en hombros el cuerpo de Marcilla; seguían los oficios con hachas encendidas, los capuces, las gramallas [13] de los deudos y amigos; y en pos de todos una pequeña escolta y casi todo el pueblo de Teruel.

La desconsolada Isabel apenas oyó desde su retrete los tristes cánticos del entierro, hizo que la dueña que la acompañaba, subiese con ella a la reja mas alta de la casa, para ver el funeral concurso: así que descubrió el féretro donde iban los últimos despojos de su malogrado amor, quedó pasmada por algunos momentos, y abandonándose luego a las irresistibles inspiraciones de su corazón, se despojó de todas sus galas vistiose con un mongil de bayeta, y despeinado el cabello, bajó a la calle muy apresurada, y confundiéndose entre las muchas mugeres que acompañaban el duelo, pudo seguir llena del mayor abatimiento: en el tránsito se reconvenía de haber sido la causa de la desgracia de Marcilla y ella misma se acusaba y condenaba, haciendo a la vez de fiscal, de juez y de reo.

Entró el entierro en la Iglesia de San Pedro, el cadáver de Marcilla fue colocado en un gran túmulo y diose principio al Oficio. La infeliz Isabel, no pudiendo resistir mas, abrió al dolor la llave, dio rienda suelta al llanto, y abalanzándose cubierta a donde estaba el féretro, esclamó:

¿Es posible que estando tu muerto, tenga yo vida? No tengas de mi fe duda que pueda vivir un solo punto; ¡ay! perdona mi tardanza, que al instante contigo me tendrás.

Dijo, y descubriéndole la cara le dio un beso tan fuerte que se oyó en toda la Iglesia, y con un ¡ay! faltole el aliento en un instante y la Parca puso un sello en sus ojos.

Creyeron los circunstantes sería alguna deuda o hermana del difunto, pero cuando el clero principiaba el *In exitu*, fueron a apartarla y la encontraron inmóvil: llámanla hasta tercera vez, y no responde; descubren el manto que la velaba el rostro, y ven era Isabel que tenía su boca pegada a la de Marcilla, y su cuerpo sirviéndole de losa sepulcral: la sensible y virtuosa Isabel, después de haber apurado el cáliz amargo de dilatadas penas, buscó en alas de la muerte la compañía de su amante hasta el mismo templo de la eternidad.

La estraña singularidad del suceso, el respeto imponente del lugar sagrado, el pavoroso aparato funeral, y la melancólica gravedad de todos los semblantes, dejaron absortos a cuantos se hallaban en el templo: Azagra, esposo de Isabel, procuró entonces quitar de esta toda sospecha y refirió en voz alta el trágico suceso de su casa en la noche precedente.

Todos quedaron perplejos, y nadie se atrevía a proponer la resolución que debía adoptarse, hasta que un viejo, pariente de Marcilla, de mucha autoridad y cuyas razones pasaban por oráculo, sacó al concurso de la duda. «Supuesto, dijo, que es verdad cierta que Isabel y Diego, desde niños se tuvieron entrañable amor, y que en su ausencia larga han pasado los dos una pena y un tormento, y que juntos ambos han padecido un género de muerte; y supuesto también que se ligaron los dos con palabra y juramento de esposos, primero que Azagra, será razón que se entierren los dos juntos en un sepulcro.»

Oído este parecer, mereció la aprobación de los padres de Isabel y de D. Diego, del Justicia y Regimiento: Azagra consintió también en ello, y colocaron juntos en un sepulcro de alabastro a *los dos Amantes*, honrando su fidelidad con muchos epitafios.

Esto sucedió en el año 1217, siendo juez de Teruel D. Domingo Celada: este y algunos eclesiásticos y vecinos de la parroquia de S. Pedro, dejaron por escrito consignado el hecho para memoria de la posteridad.

Capítulo VIII.

Los esqueletos de los Amantes de Teruel.

Según resulta de las apuntaciones del archivo de S. Pedro, y de Escrituras públicas y demás documentos justificativos que en su citado libro trae el Sr. Gabarda; el año 1555, siendo juez de Teruel Miguel Perez Arnal, al labrarse una capilla antigua de la Iglesia de San Pedro, se hallaron los cuerpos de *D. Diego Martínez de Marcilla y de Doña Isabel de Segura*, en un sepulcro y enteros, sin estar casi nada gastados.

En 13 de Abril de 1619, fueron encontrados sepultados juntos en la capilla de los Santos Médicos Cosme y Damian, en la misma parroquia de San Pedro, los esqueletos de dichos Amantes, con señales evidentísimas de ser los pertenecientes a D. Diego y D.ª Isabel.

En 1708, con motivo de la nueva obra que se hizo en la Iglesia de San Pedro, fueron trasladados al claustro inmediato que tiene la parroquia y que servía de cementerio, y allí se colocaron los dos juntos, puestos en pie, en un armario metido en la pared, donde recibían las visitas de casi todos los forasteros estrangeros o nacionales, que aun cuando solo se detengan pocas horas en Teruel, rara vez dejan de acudir a satisfacer su curiosidad.

Sobre dicho armario se leía:

Aquí yacen los celebrados Amantes de Teruel, D. Juan Diego Martínez de Marcilla y D.ª Isabel de Segura. Murieron en 1216 y en el de 1708 se trasladaron a este panteon.

En el año 1814 cuando pasó el rey D. Fernando VII por Teruel, se sacaron del armario los dos esqueletos de los Amantes y los colocaron adornados en la sacristía de la Iglesia de S. Pedro donde fueron visitados por el rey y la grandeza de su comitiva, restituyéndolos después a su morada ordinaria.

En Mayo de 1854, después de haber adquirido los fondos necesarios para erigir a los dos esqueletos un sitio mas decente y que correspondiera a su justa celebridad, fueron trasladados con gran regocijo de los teruelanos al salón que se les tenía hecho en el mismo claustro de la Iglesia parroquial de S. Pedro, y se les colocó en una magnífica urna de nogal con preciosos embutidos, construida por el ebanista D. Antonio Lacarrier, natural de París y concluida por su discípulo D. Policarpo Serrano, también ebanista y vecino de Teruel.

Dicha *Urna*, que hemos examinado detenidamente, es un templete de orden corintio, sostenido por ocho columnas, que se le puede dar vuelta al rededor y ser vistos los *Amantes* con toda claridad: la figura es octógona y tiene un metro y noventa centímetros de ancho, y cuatro metros, cuarenta y cinco centímetros de alto: se compone de seiscientas quince piezas de pino para la armazón interior, de ochocientas noventa y seis de nogal y de cuatro mil novecientas veinticinco de doradillo, que al todo hacen 6436 piezas.

El *Salón*, que es una nave rectangular, está dividido por su longitud en cuatro espacios de tres metros: tiene cuatro pilastras por lado que limitan los espacios, y en cada uno de ellos hay un cuadro apaisado con molduras de relieve, y encima de la puerta de entrada por la parte interior hay otro cuadro igual a los anteriores: sobre dichas pilastras descansa el cornisamento y se elevan unos esbeltos arcos apuntados y decorados con molduras, y el todo está cubierto por bóveda de arista, formando el conjunto de este salón, una bella nave que pertenece al orden gótico-bizantino.

Los esqueletos de los *Amantes*, están bien conservados, y solo cubiertos con unas enaguas cortas de gasa muy trasparente, para que puedan ser vistos y examinados por los que les visiten: el de D.ª Isabel está a la derecha del de D. Diego, y es de admirar como después de tanto tiempo se hallan en tan buen estado.

¡Y qué diferente efecto, dice el Sr. Gabarda, produce la vista de estos ilustres esqueletos a la curiosa multitud que los visita! El vulgo admirador se sobrecoge por un especie de pavor sagrado; el liviano superficial sale haciendo asquillos, porque sus ojos no han visto mas que los materiales despojos de la humanidad; el ilustrado naturalista contempla absorto el prodigio de este fenómeno físico; y el sabio, que penetra el poder de las pasiones y la moralidad de las acciones humanas, esperimenta en su presencia un recogimiento respetuoso, que evocando los pensamientos mas serios, le hace esclamar en el silencio de su corazón; ¡Padres de familia! procurad con la educación, con vuestro ejemplo, con la persuasión y hasta con vuestra autoridad, precaver a vuestros hijos del trato e inclinaciones con aquellas personas, que vuestra prudencia no juzgue convenientes para unir con ellas la sangre, la fortuna y el nombre de vuestra alcurnia; pero si vuestro descuido, o la imperiosa voz de la naturaleza, en fuerza de irresistibles simpatías, han llegado a crear la necesidad de la unión de dos almas sensibles, respetad este inesplicable enajenamiento del amor, esta pasión que consume y alienta, que no se enciende mas que una vez en la vida, y que sacrificada con violencia, termina desastrosamente castigando la terquedad de los padres con dolorosos remordimientos, que les acompañan hasta las tristes sombras del sepulcro.

Sobre los AMANTES DE TERUEL han escrito: *Juan Yagüe de Salas*, un poema; *Juan Perez de Montalvan*, una comedia; *Andrés Rey de Artieda*, una tragedia; *D. Juan Eugenio Hartzenbusch*, un drama; *Renato de Castel-Leon*, una novela histórica; *D. Isidoro Villarroya*, una novela; *D. Esteban Gabarda*, una historia y además en distintas épocas han escrito en menor estensión sobre dichos AMANTES, *Blasco de Lanuza, Don Isidoro Antillon, D. Pedro Albentosa*, y algunos otros.

Capítulo IX.

Los Obispos de Teruel.

Pocos años después de la fundación de Teruel, su primitiva Iglesia de Santa María fue parroquial, como luego lo fueron las de San Salvador, S. Miguel, San Juan, San Pedro, San Andrés, Santiago, San Martín y San Esteban, la cual fue unida a la de S. Pedro en 1292: la misma de Santa María se hizo Colegiata en 1423, con autoridad de Don Alonso, Obispo de Zaragoza; dándole constituciones en 1425. El Rey D. Pedro el IV ennobleció a Teruel con el título de Ciudad, aunque solicitó de la Santa Sede la erección de Catedral, no tuvo efecto hasta que a petición de Felipe II fue erigida por Gregorio

XIII en 30 de Julio de 1577, y arreglada por Sisto V en Bula de 5 de Octubre de 1587, y confirmada después por Clemente VIII por la suya de 3 de Julio de 1593.

Al fallecimiento de D. Fernando de Aragón, Arzobispo XIII de Zaragoza, ocurrido en 29 de Enero de 1577, fue nombrado en este año Obispo de Teruel, *D. Juan Perez de Artieda*, Canónigo de Zaragoza, pero como murió antes de ser consagrado no empezamos por él el Catálogo de los Obispos, y sí por el que realmente lo fue.

PRIMER OBISPO DE TERUEL, *Don Andrés Santos*: este Prelado nació en Quintanar de la Vega, diócesis de Leon: fue inquisidor en los tribunales de Llerena, Cuenca, Córdoba, Valladolid y Zaragoza: tomó posesión en 20 de Diciembre de 1578, y fue muy estimado de los teruelanos por sus virtudes, talento y prudencia: hizo varios reglamentos conforme a los cánones y disciplina de la Iglesia, y de algunos se hace memoria en las Constituciones Synodales de su sucesor: la Iglesia de Teruel le debe su primer forma y orden, cuyos servicios fueron tan agradables al Rey que le trasladó a la metropolitana de Zaragoza en Marzo de 1579; salió de Teruel en 28 de Julio del mismo año, y la mayor parte de los vecinos de esta ciudad le acompañaron hasta una gran distancia, habiendo sido sentida por todos su partida, especialmente por los pobres. Asistió después a las Cortés de Monzon, murió en 13 de Noviembre de 1585, y fue enterrado con la mayor solemnidad en el templo del Salvador de la ciudad de Zaragoza.

2. *D. Jayme Gimeno de Lobera*: natural de Ojos negros pueblo de la provincia de Teruel: era Arcediano de la Cámara de Huesca y Jaca, y Juez de competencias de Aragón: fue nombrado Obispo de Teruel en 25 de Noviembre de 1579 y tomó posesión en 10 de Junio de 1580, edificó la casa episcopal, gastando en está obra doce mil ducados; hizo Estatutos para el buen gobierno de la Catedral que aprobó y confirmó Clemente VIII en su Bula de 3 de Julio de 1593: se celebró con su autoridad en la ciudad de Teruel el primer Sínodo diocesano en el mes de Febrero de 1589, cuyas constituciones arreglaron el buen orden en el culto divino y funciones de dicha Iglesia. Visitó el Obispado dejando en todas partes memoria de su liberalidad y misericordia con los pobres, y consagró la Iglesia de Camañas, pueblo de la provincia de Teruel. En la Catedral hay un

Crucifijo de marfil en Cruz de plata dorada y otras alhajas que recuerdan su episcopado. En las alteraciones del orden en el Reino, fue nombrado Virrey, y después de haber procurado la paz se restituyó a su Iglesia, en donde murió en 12 de Diciembre de 1594. Sus entrañas fueron sepultadas en el Presbiterio de la Santa Iglesia Catedral de Teruel, y su cuerpo fue trasladado a Zaragoza a la Iglesia del Pilar y colocado en la capilla de San Miguel, que había sido construida a sus espensas.

3. *D. Francisco de Val*, natural de Cogolludo en el Obispado de Sigüenza, era Arzobispo de Callér en Cerdeña cuando fue nombrado para la Iglesia de Teruel, y habiendo pasado a Roma murió allí y no se verificó su residencia.

4. *D. Martín Ferrer*, natural de Daroca, provincia de Zaragoza, fue Colegial Mayor de San Ildefonso en Alcalá de Henares y Canónigo de la metropolitana de la capital de Aragón: en 1593 fue electo Obispo de Albarracin en donde permaneció tres años y algunos meses, dando ejemplos de su piedad con los pobres socorridos por sus limosnas; a su costa se edificó la torre de aquella Catedral, Iglesia que nunca olvidó pues en 1604 dotó competentemente la solemnidad de la octava de la fiesta al Smo. Sacramento. Fue trasladado a la silla episcopal de Teruel y tomó posesión de ella en 25 de Setiembre de 1596, y la gobernó por espacio de diez y ocho años, aclamándosele universalmente con el tierno título de—Padre de los pobres. Dio perfección a la obra de la casa episcopal, y en sus días y a costa suya fueron levantadas las naves laterales de la Catedral, la cual conserva también otras memorias de su liberalidad, como son: el terno negro de terciopelo bordado en oro, un palio de tisú y cenefa de terciopelo carmesí, y el verjado y sillería del coro: fundó un Colegio en la Universidad de Alcalá de Henares para estudiantes teólogos de Aragón, con dotación de mil escudos anuales: en Daroea se construyó a sus espensas una capilla y capellanía, cuyo patronato es de la casa del Marqués de Villalba. En el año 1612 celebró Sínodo en Teruel y en él se formaron constituciones muy importantes para el servicio de Dios y provecho de los fieles: después de haber gobernado diez y siete años la Iglesia de Teruel, fue promovido a la de Tarazona en Abril de 1614, continuando los ejemplos de humildad y caridad con los pobres: en los años 1614 y 1615 asistió al Concilio provincial de Zaragoza, en

donde hizo brillar su celo y doctrina. Murió en 28 de Noviembre de 1631 y fue sepultado en su capilla de Daroca.

5. *D. Tomás Cortés*: natural de Huesca, Canónigo de aquella Iglesia; del Obispado de Jaca fue trasladado al de Teruel, y tomó posesión de esta Silla en 5 de Noviembre de 1614; gobernó este Obispado con mucha prudencia y paz en medio de algunas discordias que ocurrieron entre los pueblos: murió en Huesca el 9 de Diciembre de 1624 y fue sepultado en el presbiterio de la Iglesia de San Lorenzo en la que había fundado un priorato y raciones.

6. *D. Fernando Valdés y Llano*, natural de Cangas de Tineo, del Obispado de Oviedo en el Principado de Asturias; fue inquisidor de Barcelona, Salamanca y Toledo; electo Obispo de Teruel, entró en esta ciudad el 13 de Diciembre de 1625. En Octubre de 1627 celebró Sínodo diocesano: en 1632 fue trasladado al Obispado de Leon. De allí pasó al Arzobispado de Granada, y a instancia del Conde Duque de Olivares, le nombró S. M. para Presidente del Consejo de Castilla, y en el desempeño de este honorífico empleo, murió.

7. *D. Pedro Apaolaza*, hijo de Moyuela, pueblo del partido de Belchite en la provincia de Zaragoza; nació en 13 de Julio de 1567, siguió su carrera literaria en la Universidad Cesaraugustana, donde fue graduado de Maestro en Artes y de Doctor en Sagrada Teología: siendo Beneficiado de la Iglesia de su pueblo, pasó a Rector de la Iglesia de Santa Cruz de Zaragoza, y después de la de Torres los Negros, lugar del Arzobispado. En sus curatos dio los mayores ejemplos de celo y piedad; su virtud y literatura hiciéronle digno de la Abadía de San Victorian en 1612, con cuyo carácter fue diputado del Reino de Aragón en 1620, y luego fue elegido Obispo de Barbastro y tomó posesión en 19 de Noviembre de 1622, en que fue trasladado a la Silla de Teruel, habiendo renunciado antes los Obispados de Orihuela, Lérida y Mallorca: en 18 de Agosto de 1635 y después de gobernar su Obispado por espacio de diez años, fue promovido a la Metropolitana de Zaragoza de la que tomó posesión en 1.º de Marzo de 1635: en todos los Obispados manifestó el caudal de su doctrina, su celo en la reforma de costumbres, e hizo brillar su paciencia en algunas persecuciones que padeció; su humildad se insinuaba en su trato que se llevaba tras de sí el respeto y la admiración de las gentes; en sus frecuentes visitas diocesanas dejó

decretos muy edificantes y empleó sus rentas en el socorro de los pobres; cincuenta de estos asistieron en Teruel a su mesa el día y octava de su cumple-años el primer año de su Obispado en la misma ciudad: dejó fundaciones piadosas en la Iglesia de su patria; renovó la capilla de N.ª S.ª de la Blanca en la Metropolitana del Salvador de Zaragoza; dotó las cátedras de Filosofía y Teología en su Universidad; dio a conocer su literatura en los dos tomos que escribió con el título de *Mensa Eucharistica paraneticis excursionibus illustrata*, y en otras diferentes obras y sermones que se hallan impresos: su oratoria sagrada es digna de compararse con la de los Santos Padres de la Iglesia y sus sermones eran tan frecuentes que en ocasión de haber enfermado de gravedad en Teruel el orador cuaresmero, predicó él en días alternados, llamando tanto la atención que la Catedral el día de sermon llenábase de oyentes de la población y de fuera, que se disputaban la entrada por colocarse donde poder oírle mejor: otra vez en la Iglesia del Hospital de Zaragoza faltó también el orador de cuaresma a consecuencia de haber tenido que salir de la ciudad por muerte de su madre y una hermana; con este motivo el ilustrado paisano y Obispo de que hablamos, predicó todos los días con el mayor fruto, siendo la admiración de todos los zaragozanos, quienes le regalaron un precioso terno: también los teruelanos le hicieron regalo de un anillo de muchísimo valor, pero él pidió permiso para venderlo y su producto fue repartido entre los mendigos, quienes le dieron el honroso dictado de *El Obispo de los pobres*. Desempeñó su ministerio apostólico con gloria inmortal, y murió en olor de santidad en Zaragoza en 25 de Junio de 1643: fue depositado su cadáver en dicha capilla del Salvador y al año siguiente trasladado a la Iglesia de Moyuela.

8. *D. Juan Cebrian*, natural de Perales, pueblo de la provincia de Teruel; su familia noble es conocida con el título del Condado de Fuenclara: entró religioso mercenario en el convento del Olivar donde profesó solemnemente y cultivó su talento en los estudios literarios, logrando todos los grados del Orden hasta el Magisterio general de la misma electo en Toledo en 1617. Noticiosa la Córte de sus virtudes y saber, el rey D. Felipe IV, le nombró Obispo de Albarracin, cuya Iglesia gobernó desde 1632 hasta el 12 de Febrero de 1635, que fue promovido a la silla episcopal de Teruel, de la que

tomó posesión en 31 de Agosto del mismo año, y la gobernó hasta el 21 de Junio de 1644, que fue nombrado Arzobispo de Zaragoza: la presencia del rey, y las públicas aclamaciones de la nobleza, el clero y el pueblo, hicieron solemnísima su entrada en aquella ciudad, acompañándole desde su convento de San Lázaro hasta la Iglesia. El Rey le nombró de su Consejo de Estado Embajador y para acompañar a la reina D.ª Mariana de Austria que venía a casarse con el rey. Desempeñó la comisión de conducir el cadáver del Príncipe D. Baltasar al sepulcro del Escorial, con la mayor magnificencia. El mismo Rey le dio el nombramiento de Capitán general de Aragón. Sus virtudes pastorales fueron de acuerdo con su política y se vio su caridad en el socorro de los enfermos en la peste del año 1651, y sus limosnas con los pobres fueron estraordinarias: como obras debidas a su piedad citaremos la renovación de su convento del Olivar, la fundación del Colegio de San Pedro Nolasco para los estudios de los religiosos de la provincia, y el convento de Capuchinas de Zaragoza débele toda su perfección: casi en vísperas de perder para siempre la salud, marchó a Juslibol, pueblo cercano a Zaragoza y construyó de su bolsillo varias casas sobre cuyas puertas se lee el nombre de su fundador: murió en el mismo pueblo el día 27 de Diciembre de 1662, dejando dispuesto que su corazón se llevase a su Iglesia de Perales y su cadáver fuera enterrado en la Iglesia de las Capuchinas.

9. *D. Domingo Abad y Huerta*, natural de Cubél, provincia de Zaragoza; fue inquisidor de Barcelona donde sufrió mucho por su fidelidad en los días de las turbaciones de aquel Principado, pero el Rey Felipe IV le premió nombrándole Obispo de Teruel, de que tomó posesión en 19 de Setiembre de 1644: los breves días de su pontificado privaron a esta Iglesia de las esperanzas que concibió en los ensayos de su celo por la paz y felicidad de los teruelanos: murió al año y medio de su residencia en 16 de Mayo de 1646: su cuerpo fue enterrado al lado derecho del Presbiterio de la Catedral, quedó heredera y enriquecida con sus preciosos pontificales.

10. *D. Diego de Chueca*, hijo de Calcena, villa de la diócesis de Zaragoza, en cuya ciudad hizo su carrera literaria, obtuvo el grado de Teología, desempeñó cátedra de la facultad y consiguió la Canongía Magistral de la Iglesia metropolitana donde frecuentemente predicó la palabra divina con mucho fruto y

edificación: el Rey Felipe IV le nombró Obispo de Barbastro y luego de Teruel, donde tomó posesión en 5 de Setiembre de 1647, verificando su entrada en la ciudad el día 29 del próximo mes: celebró Sínodo diocesano en 1657 y en él se arreglaron todas las cosas pertenecientes al buen gobierno de la Catedral, de las parroquias de la ciudad y las de las aldeas, tanto en sus rentas como en sus funciones eclesiásticas. De acuerdo con el Cabildo procuró la dotación competente de la renta de la fábrica de la Iglesia Catedral y contribuyó para ello anualmente con sumas considerables de sus rentas, gastando también en equipar de ornamentos la sacristía mayor. En sus días se hizo la fundación del convento de Monjas descalzas de Santa Teresa, en cuya fábrica gastó mas de 40,000 escudos, y al regreso de su primera diputación del Reino se trajo de Zaragoza, en 1660, las Madres fundadoras que salieron del convento de aquella ciudad, conocido con el nombre de su fundador Diego Fecét, con el vulgar de las Fecetas, debiéndose a su piedad este virtuoso establecimiento, que desde entonces ha estado sujeto a la jurisdicción de los Obispos: murió en Zaragoza el 18 de Junio de 1672.

11. *D. Diego Antonio Francés*, hijo de Zaragoza, estudió jurisprudencia en su Universidad, fue Arcipreste de Daroca, dignidad de la Iglesia metropolitana, luego Obispo de Barbastro y después de Teruel: tomó posesión en 18 de Mayo de 1673, y en 22 de Junio siguiente pasó a Tarazona.

12. *D. Andrés Aznar*, natural de Zaragoza, religioso agustino, Obispo de Jaca, y luego de Teruel, del que tomó posesión en 17 de Julio de 1674, y haciendo la visita de la diócesis murió en Bueña en 5 de Mayo de 1682.

13. *D. Gerónimo Zolivera*, nació en Barbastro, electo Obispo de Teruel, tomó posesión en 20 de Abril de 1683, fue a Zaragoza diputado del Reino en 1685: en sus días se reedificó la nave mayor de la Catedral de Teruel, a él se debe la capilla que hay frente a la nave izquierda dedicada a María Santísima, enriqueció la sacristía con varias alhajas, y a sus espensas hízose un magnífico aparato fúnebre con terno, cubierta de tumba y blandones para los Oficios de Difuntos; perfeccionó la obra de la casa Episcopal, formando una portada de buen orden de arquitectura en donde se ve el escudo de

sus armas, todo de piedra: en sus días edificáronse también los graneros de Camarillas y la Puebla para la recolección de los frutos de la Mensa episcopal: murió en 28 de Marzo de 1700, y su corazón fue depositado en su capilla, llamada vulgarmente el Diario.

14. *D. Manuel Lamberto Lopez*, natural de Zaragoza, de familia nobilísima, conocido con el título del Marqués del Risco, que heredó su hermano D. Juan Luis Lopez, Regente del Supremo Consejo de Aragón: estudió Jurisprudencia en aquella Universidad, fue Catedrático de Cánones, Dignidad de Chantre de la metropolitana, e inquisidor del santo oficio en Zaragoza y Valencia. Felipe V, le nombró Obispo de Teruel; tomó posesión en 4 de Junio de 1701; hizo muchas limosnas, y costeó el retablo mayor de la Iglesia de San Martín, el de las Monjas descalzas de Teruel, y el de las Agustinas de Rubielos: murió en su cuarto habitación repentinamente al llegar de paseo el día 1.º de Abril de 1717: su pérdida fue llorada universalmente y fue enterrado con gran pompa en la Catedral.

15. *D. Felipe Analso de Miranda Ponce de Leon*, natural de la villa de Grado en el Principado de Asturias, de la familia del Marqués de Valdecarza: estudió Jurisprudencia y Cánones en Salamanca, se hizo Bachiller en Cánones en la Universidad de Oviedo, y después Obispo de Teruel, [14] habiendo tomado posesión en 8 de Noviembre de 1720; en los primeros años de su Pontificado trató de construir un Seminario conforme al Santo Concilio Tridentino y no siéndole posible por las dificultades que se presentaron, se contentó con fundar uno clerical, para instrucción de los que se dedicaban al estado eclesiástico; y al efecto fue construido el edificio en Villavieja; constantemente procuró con oportunas providencias la mejor instrucción del clero; decoró todos los templos de Teruel; contribuyó con sus caudales para la erección de una capilla dedicada a San Francisco de Paula en la Iglesia de San Andrés; fue muy limosnero, y consagró al Obispo de Albarracin Don Juan Navarro y Alonso: murió en 20 de Agosto de 1731 y fue sepultado en la Iglesia de Santa Teresa.

Capítulo X.

Los Obispos de Teruel.

(Conclusión.)

16. *D. Francisco Perez Prado y Cuesta*, natural de Aranda de Duero en el Reino de Leon, fue inquisidor de Córdoba y Sevilla, el Rey Felipe V le nombró en 1732, Obispo de Teruel, de cuyo cargo tomó posesión en 7 de Noviembre del mismo año. En casi los veintitres de su Pontificado, no hubo día que dejara señalado con los rasgos mas brillantes de las virtudes propias del Obispado, hallándose retratados en tan digno Prelado todos los caracteres retratados en la carta del Apóstol a Timoteo; su espíritu verdaderamente apostólico estuvo siempre solícito del bien de la Iglesia; desposado con la de Teruel por su ordenación y consagración, nunca quiso dejarla, renunciando la mitra de Jaén y de Palencia que le fueron ofrecidas, y solamente se vio obligado a ansentarse de su silla, por la causa pública de la Religión y del Estado, a la Córte de Madrid a donde Fernando VI le llamó, nombrándole inquisidor general de las Españas y Comisario general de la Cruzada, sin olvidar por esta separación la solicitud de su amada Iglesia de Teruel, como los primeros años de su residencia en ella, tomando noticia exacta de todas las necesidades públicas y particulares de su diócesis, aplicando los remedios oportunos en todo lance y favoreciendo siempre todas las piadosas empresas que animaba con sus facultades.

El Hospital general de Teruel débele toda su perfección en la obra de la Iglesia, ensanche de las habitaciones, arreglo y aumento de sus rentas, en que gastó 14,475 rs: todas las comunidades religiosas fueron participantes de sus limosnas en que empleó mas de cien mil pesos: familias enteras le debieron su subsistencia, entre ellas algunas de las mas distinguidas, cuyos gastos con las cantidades repartidas en las limosnas diarias esceden de treinta y cuatro mil pesos: en las Monjas de Santa Teresa costeó la obra de la enfermería y cerca; en las de Rubielos la obra de escalera; en la Catedral de Teruel hizo la Custodia de plata, fabricada en Córdoba, en la que gastó veintidos mil pesos; ropas de la sacristía y varias alhajas de plata para el altar mayor fueron regaladas por el mismo: la capilla de la Concepción detrás del claustro del altar mayor le costó cuatro mil pesos; la dotación de su fiesta y octava mas de cinco mil pesos: en el Capítulo general dotó igual solemnidad por otra segunda octava: en varios templos de la ciudad y Obispado cuidó de erigir capillas en honor de la Purísima Concepción, como en la de San

Pedro que consagró: en la de S. Miguel procuró colocar dicha imagen en el altar mayor cuyo retablo levantó a sus espensas grabando allí sus armas, y contribuyendo a la fábrica con copiosas limosnas hasta que vio concluida obra tan magnífica: en resumen, en gastos de Iglesia empleó 7,666 pesos.

La fundación, dotación y construcción del colegio de los Jesuitas ocuparon la atención del célebre Prelado de que hablamos, en los últimos años de su Pontificado, y la dirección y política de aquellos P. P. consiguieron en siete años ver levantada su fábrica y edificio con la mayor magnificencia, empleando en dicha obra mas de ciento trece mil pesos, sin contar las pinturas y alhajas que se colocaron después en la Iglesia y en el Oratorio, sagrados lugares que justamente llaman la atención del viagero.

El mismo Sr. Obispo murió en Madrid el 10 de Julio de 1755, a la edad de 78 años, y fue depositado en la Iglesia del Colegio Imperial y trasladado a los seis años de su fallecimiento a la del Colegio de Teruel, celebrándose sus exequias el día 13 de Octubre de 1761, habiendo asistido todas las corporaciones civiles y militares de la población y muchas comisiones de las ciudades, villas y lugares de la provincia: su cuerpo fue colocado en un magnífico sepulcro de mármol al lado derecho del Presbiterio.

17. *D. Francisco Perez de Baroja*, natural de Autól, diócesis de Calahorra; siendo Canónigo Magistral de Valladolid fue presentado para Obispo de Teruel, y que tomó posesión en 30 de Enero de 1756 y murió en 29 de Marzo de 1757, siendo sepultado en el panteon de la Catedral.

18. *D. Francisco José Rodriguez Chico*, natural de la Nava del Rey, villa del Reino de Castilla la vieja: estudió en Salamanca, fue Canónigo en Leon, haciéndose notable ya por su asistencia diaria a los enfermos pobres, entre quienes repartía todo lo que tenía: el Rey Fernando VI le nombró Obispo de Teruel, de cuya silla tomó posesión en 27 de Noviembre de 1757, y al cabo de los cuatro meses de su llegada, comenzó su visita con el fin de mejorar el estado de sus Iglesias: la dotación de los curatos, la unión de beneficios incongruos, los planes de dotación de las raciones de los templos de la ciudad y la buena administración de sus rentas, sus desvelos por el buen gobierno del Hospital general, la economía de su vida para

dar de comer a un crecido número de pobres en unos años estériles, su celo en procurar la instrucción de los eclesiásticos y del pueblo de todo su Obispado; son un testimonio de su pastoral solicitud. Pero en donde trabajó con el mayor esmero fue en los tres establecimientos debidos a su ilustración y caridad: fue el primero, la *Casa* para la enseñanza de las niñas, cuya obra hizo a sus espensas, aseguró la dotación y proveyó de maestras útiles para la instrucción de las educandas en toda labor de mano, y en las letras y catecismo: el segundo fue el de la *Biblioteca pública* dentro de la misma casa episcopal, enriquecida con abundantes libros para la instrucción de los amantes de la sabiduría, proveyéndola de un Bibliotecario dotado suficientemente con una pensión de trescientos ducados sobre la Mitra: fue el establecimiento tercero, el *Seminario Conciliar*, establecido en el Colegio de Jesuitas bajo el Real patronato y soberana protección del monarca D. Cárlos III, y sus sucesores, bajo la advocación de la Concepción de María Santísima y Santo Toribio de Mogrovejo, como todo se halla espreso en el decreto de erección, constituciones, dotación, gobierno y enseñanza, dado en su Palacio episcopal de Teruel a 10 de Setiembre de 1776: son bien notorios los felices frutos que goza la ciudad y obispado con este santo y útil establecimiento debido al celo constante y prudente de su Illmo. Fundador, que murió en 12 de Marzo de 1780, siendo sepultado en el panteon de la Catedral.

19. *D. Roque Martín Merino*, natural de Fuentes de Don Bernardo en Castilla la vieja, provincia de Palencia: fue beneficiado de la Iglesia de su pueblo, Canónigo lectoral de Coria, hizo oposiciones en Burgos, Zamora, Salamanca y Santiago, y a pesar de su vasta erudición y admirable elocuencia, sufrió los reveses de la ingratitud con ánimo sereno: el Rey D. Cárlos III, le nombró capellán mayor de la Iglesia primada de Toledo, y desempeñando este alto cargo se dio a conocer en varias obras que escribió y en otras que corrigió, entre estas el breviario mozárabe conforme al rito gótico: el mismo monarca le elevó al obispado de Teruel: apenas tomó posesión, giró una visita por las Iglesias de su diócesis, examinó a casi todos los eclesiásticos y a cada uno colocó en el lugar que le correspondía, administró muchas veces la confirmación en la Iglesia de la Merced (en el arrabal de Teruel), y la arregló hasta igualarla con las de la ciudad; se llevó y mantuvo en el palacio a todos los religiosos del

convento de San Francisco, cuando este fue inundado por haber salido de madre los ríos Guadalaviar, Turia y Alfambra, y cubierto las aguas toda la vega, ocasionando este desbordamiento desgracias personales y pérdidas de gran consideración; no pudo llevar a cabo su pensamiento de renovar el estilo arquitectónico y ensanchar la Catedral, dio cuatro mil pesos para la fábrica, parte de los cuales empleó después el Cabildo en blanquearla y enriquecer la Sacristía con preciosos pontificales; el ilustrado Obispo que nos ocupa, murió en 6 de Noviembre de 1794, siendo enterrado en el panteon.

20. *D. Félix Chico*, hijo de Castalla en el reino de Valencia, en cuya Universidad estudió Teología y Cánones. Fue Abogado de los Reales Consejos, beneficiado de la parroquia de San Andrés, Arcediano de la Iglesia de Santa María del Mar en Barcelona, Canónigo Doctoral de la metropolitana de Valencia, Censor de la Real Sociedad de Amigos del País, y Caballero gran Cruz de la Real y distinguida orden de Cárlos III: el Rey Don Cárlos IV le nombró Obispo de Teruel y tomó posesión en 10 de Julio de 1795, distinguiéndose desde luego por su celo en colocar a todo su Obispado al nivel de los mas notables de España, y la obra grande de su piedad que hará eterna su memoria en Teruel y su provincia fue, *la fundación de la Casa-Hospicio de Misericordia*; en ella agotó toda la actividad y desvelos de su celo, trazó los planos un sabio arquitecto de la Academia de Zaragoza, conforme al magnífico diseño de la Casa de la capital y procurando competir con esta en la magnificencia: el Monarca, el Obispo, el Clero, el Ayuntamiento y el Pueblo, todos contribuyeron a dar cima a la obra, cuya primera piedra colocó y bendijo el Señor Rico, el cual después no pasaba día por malo que fuese que no hiciera su visita al sitio donde tan benéfica casa se edificaba. Murió en 31 de Mayo de 1799, y se le hizo el entierro el 4 de Junio siguiente, al que asistió todo el pueblo y cuantas niñas y niños había en la Misericordia.

21. *D. Francisco Javier Lizana*, nació en Arnedo, Obispado de Calahorra, estudió gramática y filosofía con los jesuitas de Calatayud, jurisprudencia civil y canónica en la antigua Universidad de Oñate y en la no menos antigua de Zaragoza [15] donde recibió los grados de Licenciado y de Doctor y el claustro le nombró Presidente de la numerosísima Academia de dicha facultad: fue Doctoral de Sigüenza, Penitenciario de Zamora, Gobernador de

esta Mitra, Obispo Auxiliar del Arzobispado de Toledo, y después por nombramiento del Rey D. Cárlos IV, Obispo de Teruel en cuya ciudad hizo su entrada el cuatro de Diciembre de 1799; el mismo día, esplicó su celo por el decoro del Templo y dio orden de hacer colgaduras de terciopelo carmesí y galones de oro para el Presbiterio y de damasco para las columnas, colocándose todo a sus espensas: al día siguiente manifestó su misericordia y beneficencia, llevando la primera atención de sus visitas los pobres enfermos y encarcelados a quienes socorrió con largueza y con saludables exhortaciones que repetía casi todas las semanas, atrayendo con su ejemplo a muchos de los sacerdotes que le ayudaban en estas laudables tareas: manifestó mucho celo por las Iglesias de su Obispado, formó una Congregación de ministros del Señor para predicar al pueblo en la Iglesia del Seminario y sus oficinas fueron notables por la diligencia y acierto con que eran despachados cuantos asuntos afluían a ellas: en 1802 fue promovido al Arzobispado de Méjico, sintiéndose mucho en la provincia la ausencia de tan ilustrado y laborioso Prelado.

22. *D. Blas Joaquin Alvarez de Palma*, nació en Jerez de la Frontera, Arzobispado de Sevilla, fue presbítero confesor y predicador en varias diócesis, hízose licenciado en Teología en la Universidad de Granada, y siendo Obispo de Albarracin fue trasladado al de Teruel en 1802, tomó posesión en 24 de Febrero de 1803, y en 19 de Diciembre de 1814 fue promovido al Arzobispado de Granada.

23. *D. Felipe Montoya y Diez*, natural de Griota, Obispado de Palencia: siendo Lectoral de Plasencia, fue electo para la Silla de Teruel en 22 de Julio de 1815, tomó posesión en 28 de Setiembre del mismo año, y murió en Valencia el 12 de Marzo de 1825.

24. *D. Jacinto Rodriguez Rico*, natural de Villamayor, diócesis de Leon: siendo Dean de Zamora fue nombrado Obispo de Teruel: tomó posesión en 20 de Marzo de 1826, y fue trasladado a Cuenca en Junio de 1827.

25. *D. Diego Martínez Carlón y Teruel*, hijo de Lorca, diócesis de Cartagena: era Chantre de Almería, cuando fue electo Obispo de Teruel, y preconizado en Roma en 25 de Junio de 1827: tomó posesión en 8 de Octubre del mismo año, y fue trasladado a Jaén en 23 de Febrero de 1832.

26. *D. José Asensio de Ocón y Toledo*, natural de Albarracin, de la misma diócesis: siendo Obispo de Palencia fue trasladado a la silla de Teruel, en 24 de Febrero de 1832, tomó posesión en 13 de Junio del mismo año, y murió en 2 de Diciembre de 1833.

27. *D. Antonio Lao y Cuevas*; nació en Tiñana, villa de la diócesis de Guadix; era Abad mayor de la Colegiata del Salvador de Granada, fue nombrado Obispo de Teruel en 16 de Agosto de 1847, tomó posesión en 17 de Diciembre del propio año y trasladado a Guadix en 1849.

28. *D. Jaime Solér y Roquér*, natural de San Juan de las Abadesas en Cataluña, fue Canónigo Magistral de la Catedral de Vich, y nombrado Obispo de Teruel en 21 de Julio de 1847, tomó posesión en 7 de Octubre de 1850, y murió en Segorbe el 21 de Marzo de 1851.

29. *D. Francisco Landeira y Sevilla*, hijo de Ribeira de Santa Eugenia, pueblo de Galicia; fue Catedrático de Teología en la Universidad de Madrid, y electo Obispo de Teruel, entró en esta ciudad en la tarde del 7 de Diciembre de 1852:—Dos o tres días habían trascurrido desde esta entrada, cuando supo que desde la guerra civil el Seminario se hallaba ocupado militarmente y la Iglesia convertida en depósito de armas y proyectiles: enseguida empezó sus gestiones para que estos efectos desapareciesen de allí y una vez conseguido, hizo mejoras en el Seminario, volvió a su Iglesia las imágenes que se hallaban distribuidas en los templos de la ciudad, se llevó procesionalmente la imagen de la Virgen de los Dolores, y con motivo de la bendición de la Iglesia se celebró una fiesta solemnísima como pocas veces se ha visto en Teruel, y jamás los vecinos de esta capital han contemplado la misma Iglesia tan ricamente engalanada y con tanta profusión alumbrada. Este Obispo fue uno de los mas queridos de los teruelanos, y de los pueblos de la provincia, ya por su celo en el buen gobierno de sus diocesanos, ya por sus reconocidas virtudes, ya por su vasta erudición, ya por la afabilidad de su trato, ya, en fin, porque estendido el cólera en la capital y pueblos de su diócesis, fue el consuelo de los enfermos pobres atacados de aquella epidemia, entrando en sus casas, acompañándoles muchos ratos y llegando su anhelo por socorrer sus necesidades hasta el punto de vender su

coche y las mulas, cuyo producto en dinero lo distribuyó enseguida entre los enfermos mas pobres. ¡Nunca olvidará la provincia de Teruel el nombre de tan buen Obispo! ¡No era de estrañar que fuese tan sentida su traslación a Murcia en el año 1862!

30. *D. Francisco de Paula Gimenez y Muñoz*, nació en 8 de Abril de 1807 en Bliecos, pueblecillo de la provincia de Soria, diócesis de Osma: estudió en el Seminario Conciliar del Burgo de Osma, recibió el grado de Bachiller en Teología en la Universidad de Zaragoza y los de Licenciado y Doctor en la misma facultad en la de Valladolid; hizo oposiciones a la Lectoral de Osma, y a las Penitenciarías de Sigüenza, Avila y Segovia: obtuvo por oposición la Magistral de Salamanca, de cuyo Seminario fue Catedrático: presentado para la Silla de Teruel en 25 de Setiembre de 1861, preconizado en Roma en 23 de Diciembre del mismo año, y consagrado en Salamanca en 27 de Abril de 1862, entró en Teruel el día 3 de Junio de 1862. Este Obispo, Caballero gran Cruz de Isabel la Católica y Socio correspondiente de las Academias Española y de la Historia, visitó con celo verdaderamente apostólico toda la diócesis, administrando el santo Sacramento de la Confirmación hasta en los pueblos mas pequeños, y dirigiendo en todos ellos su paternal y cariñosa voz a los fieles: reedificó la escuela de la enseñanza y reconstruyó el ex-convento de Capuchinos en las inmediaciones de Teruel, para establecer en él como estableció una casa de misión y corrección [16]. Escribió y publicó varios artículos en la Revista Católica, Pastorales y discursos llenos de erudición, entre ellos el que pronunció en Madrid por encargo de la Academia Española, en el aniversario de Cervantes, año 1864. Después de una larga y penosa enfermedad que sufrió con edificante conformidad y resignación, falleció el día 3 de Junio de 1869.

Capítulo XI.

Hijos notables de Teruel.

Mucho podríamos estendernos en este Capítulo, pero atendiendo a los límites que nos hemos señalado, y reservándonos ocasión para tratar de este asunto, en otro o en otros volúmenes; vamos a dar noticia de algunos turolenses que se han distinguido en las ciencias, artes y letras.

D. JUAN ANTONIO MUÑOZ, dominico, notable por su ilustración y por sus buenas dotes oratorias; hizo traducir del griego vulgar en idioma aragonés, *las Vidas de Plutarco.*

D. JUAN CEBRIAN, Maestro en Teología, Canónigo de la Santa Iglesia metropolitana de Zaragoza, después de la mitad del siglo XV; fue muy erudito y virtuoso, escribió algunas *observaciones y notas eclesiásticas* y una *Memoria geológica sobre los alrededores de Teruel.*

FR. PEDRO GARCÉS DE MARCILLA, octavo Obispo de Albarracin, hombre de muchísimo carácter y de un talento poco común, hizo varias mejoras en las Iglesias de aquella ciudad, especialmente en la Catedral; dejó escritos *Varios tratados y papeles relativos a la Unión de las Iglesias de Albarracin y Segorbe y forma canónica de su establecimiento.*

D. ANTONIO SANCHEZ MUÑOZ, oriundo de la antigua y noble familia de este apellido, y de la línea de Don Pascual Muñoz, ilustre ciudadano de Teruel, del que trata el Rey D. Jaime I de Aragón en su Historia, alabándole por su industria y bienes con que le sirvió en la conquista de Valencia: el de que ahora hablamos, estudió en la Universidad de Salamanca, fue Doctor en Cánones, Catedrático de esta facultad, Obispo de Albarracin y Segorbe, asistió al Concilio general de Leon que celebró el Papa Gregorio X en el año 1274, y escribió *una docta Defensa y Memoria sobre las pretensiones de los Arzobispos de Toledo y Tarragona para enclavar en su diócesis la Iglesia de Albarracin.*

GIL SANCHEZ MUÑOZ: Aislado vivía en Peñiscola D. Pedro Martínez de Lunas, que años atrás había sido elegido Papa, con el nombre de Benedicto XIII; y aunque el Concilio de Constanza lo declaró cismático, escomulgado y anti-papa el 26 de Junio de 1417, y el rey de Aragón D. Fernando I le negó la obediencia, siguió inalterable en su propósito hasta el último instante de su vida, haciendo jurar a los cardenales que tenía a su lado que le nombrarían sucesor. Así lo cumplieron, eligiendo a D. Gil Sanchez Muñoz, natural de la ciudad de Teruel, canónigo de Barcelona y muy afecto a la causa de Benedicto: decidiose Sanchez Muñoz a admitir el cargo por las vivas instancias de Alonso V de Aragón, que por motivos políticos y personales, quería valerse de él en contra de ilegítimo pontífice Martíno V. Esto sucedía en 1429, pero en 1434, hizo renuncia Gil Muñoz de la tiara dejando el nombre de Clemente VIII que había tomado, y contentándose con el obispado de Mallorca con que le agració el verdadero pontífice, terminando así aquel gran cisma que había durado cincuenta años. En otro lugar volveremos a hablar de este Obispo, debiendo añadir ahora que en el archivo de Teruel se guarda la carta que escribió a los teruelanos, participándoles su renuncia del pontificado, en obsequio de la paz de la Iglesia.

FRANCÉS DE ARANDA. Nació también en Teruel en 1396, fue consejero de los reyes de Aragón D. Juan I y D. Martín, y fue elegido para representar al reino de Aragón en el Parlamento de Caspe: ya de edad madura, se retiró a la Cartuja de Portaceli (Valencia), de donde no quiso salir a pesar de las reiteradas instancias que se le hicieron para volver a su antigua privanza. Fundó la Santa Limosna de Teruel para socorro de pobres vergonzantes, y dotación de doncellas menesterosas, para cuyo objeto dejó las salinas de Armillas que le pertenecían, redactando el mismo los *Reglamentos* para la buena administración de su pio legado. Murió en Portaceli a la edad de 85 años en 1441.

D. GERÓNIMO RIPALDA: sabio jesuita que nació en 1536, y a la edad de quince años entró en el instituto de San Ignacio de Loyola: gran parte de su vida residió en Toledo, donde esplicó con lucimiento humanidades, filosofía y teología, y donde murió en 1618 a la edad de 84 años, dejando escrito el *Catecismo y esposición breve de la doctrina cristiana*, que aun sirve de texto en las escuelas públicas, y del cual se han hecho innumerables ediciones en España y en todas las naciones católicas de Europa, dejando también traducido el libro de Kempis *Contemptus Mundi*, o sea la *Imitación de Cristo*.

D. JUAN YAGUE DE SALAS: Hijo y ciudadano de Teruel y secretario de su Concejo; tuvo cierta popularidad en su época, y ha llegado su nombre hasta nosotros por su poema titulado: *Los Amantes de Teruel*, impreso en Valencia en 1616, obra de escasa valía como producción literaria, pero que no carece de importancia bajo el punto de vista histórico, ya por las noticias que contiene sobre la historia antigua de Aragón, historia la mas notable de los antiguos reinos de España; ya por reunir las tradiciones que se conservaban en su tiempo sobre el patético episodio de los Amantes.

D. JUAN MARTINEZ SALAFRANCA: Nació en la misma ciudad el 9 de Mayo de 1677, en cuya parroquial de San Pedro fue bautizado: siguió la carrera eclesiástica, y aunque pudo alcanzar altas dignidades en la iglesia, nunca quiso salir de su modesta posición de presbítero. Residió muchos años en Madrid, consagrado al egercicio de su ministerio y a estudios históricos y literarios. En 1737 se asoció con D. Francisco Manuel Huerta y con D. Leopoldo Gerónimo Puig, para la publicación del *Diario de los literatos*, el primer periódico que se publicó en España: fue esta publicación de crítica literaria, y sus redactores no carecían de la ilustración, entereza y criterio que requieren esta clase de trabajos; pero ya fuese por la oposición de escritores coetáneos, ya consistiera en que la nación no estaba todavía en estado de apreciar la delicadeza de su crítica, ello es que no vivió el *Diario*, mas que un año y nueve meses, en cuyo tiempo se publicaron siete tomos en octavo. Salafranca reunía dotes de escritor de primer orden, pues además de estar muy versado en los idiomas del latín, griego, hebreo, francés e italiano, era grandísima su erudición en ciencias eclesiásticas, historia y bellas artes, y su estilo puro, correcto y de una sencillez elegante: fue académico cofundador de la Academia de la Historia: escribió muchas obras, entre las cuales solo citaremos las siguientes: *Memorias eruditas para la crítica de artes y ciencias*: se publicaron dos tomos y dejó manuscritos el tercero y cuarto.—*Gramática italiana, castellana, latina, hebrea y griega.—Población de Teruel y noticias sacadas de los antiguos anales de esta ciudad que se conservan en su Archivo.—Advertencias pertenecientes a la ciudad de Teruel y sus jueces.—Método de estudios.—Reyes que han visitado la ciudad de Teruel.*

SEGUNDA PARTE.

Capítulo primero.

Situación de la moderna ciudad de Teruel.—Sus barrios.—El escuche del Molino nuevo.—Los ríos, puentes, vega, ermitas y demás alrededores de Teruel.

Asentada sobre una meseta o altura de bastante consideración en la carretera de Zaragoza a Valencia y a la izquierda del río Turia, se halla la *Ciudad de Teruel*, capital de la provincia del mismo nombre, cuyos viejos muros, en parte desmoronados, atestiguan su respetable antigüedad.

Cual centinelas que la guardan, tiene a su rededor los ocho barrios siguientes: 1.º el de *San Julian*, así llamado por una antigua ermita de su nombre, denominada hoy de San Antonio Abad, en cuyo día celébrase allí una fiesta al fin de la cual, los labradores con sus bien enjaezadas caballerías dan carreras por el camino de Valencia que atraviesa el barrio. 2.º el de las *Ollerías*, porque en él están las alfarerías que proveen a Teruel, y a muchos pueblos de la provincia y de fuera, de cántaros, ollas, jarros, baldosas, ladrillos y demás objetos de tierra cocida, tierra que con abundancia le proporcionan los cerros vecinos. 3.º el del *Arrabal*, próximo al anterior y a la parte alta de la ciudad. 4.º el de las *Estaciones*, nombre que recibe de las cruces y escenas de la Pasión que se hallan hechas en baldosa sobre pedestales de ladrillo en el camino del cementerio [17] 5.º el de las *Cuevas*, denominado así a causa de las que había en la antigüedad habitadas por los moros, y convertidas hoy en casas de mediano aspecto, habiendo alguna que otra cueva que revela bien lo que fue especialmente la marcada con el número 114, que se encuentra a la derecha del camino que desde el molino viejo conduce a Capuchinos por detrás de la casa de Beneficencia. 6.º el del *Cármen*, que comprende las casas de campo que hay desde la cárcel pública hasta algo mas allá de la ermita de aquel título, sita en la carretera de Zaragoza. 7.º el de *San Francisco*, así llamado del ex-convento de este nombre. Y 8.º el barrio de la *Florida*; sin duda denominado de este modo por formarle las casas que se encuentran en la vega, desde el paseo del Obalo hasta el *Molino nuevo*; frente al cual, en la ribera izquierda del río, y subiendo a una pequeña altura dejando a la izquierda la torre o casa de campo del Sr. Arcipreste Don Martín Sanchez, está el llamado por muchos, *Escuche del Molino nuevo*, porque efectivamente, levantando allí algo la voz, vuelven a oírse con muchísima claridad las palabras pronunciadas, como si otra voz las repitiese en el sitio de enfrente por donde pasa la carretera de Cuenca, entre cuyos dos puntos hay una distancia bastante regular.

Al hablar de los ríos debemos citar el *Guadalaviar*, o Guadi-Albiar, el *Alfambra* o *Alhambra*, tierra roja y el *Turia*: el primero, que significa río blanco, lleva sus aguas con aquel nombre hasta mezclarlas con las del segundo, y desde esta unión siguen las aguas por toda la vega, formando el río *Turia*. Antes de llegar a San Blas, pueblecito distante una hora de Teruel, hay un puente de piedra sobre el río Guadalaviar, y antes de encontrarse con el Alfambra, se ve una acequia cuyo alcantarillado no queda duda que fue obra de arquitectura árabe: sobre el Alfambra, hay un puente de piedra, llamado del Cubo, que da paso a la carretera de Zaragoza, cerca del cual se construye ahora una ferrería: sobre el río Turia se encuentra, siguiendo la corriente un hermoso y sólido puente de hierro, obra que data del año 1867, sirviendo de paso a la carretera de Cuenca, y mas abajo hay otro llamado de Tablas: también debajo de los Arcos hay otro puente de madera denominado de la Reina, por el que pasa la carretera de Alcañiz.

Los ríos citados riegan la vega de Teruel, vega pequeña pero muy bien trabajada: los campos, huertos y viñas que se hallan al rededor de la ciudad, presentan en determinadas épocas del año un alegre panorama.

Además de la Iglesia-ermita del ex-convento de Capuchinos, donde estuvo la antigua ciudad y donde además de un batán hay varias casas y una buena fábrica de bayetas que hoy está cerrada; se encuentra en la carretera de Zaragoza la ermita de Ntra. Sra. del Cármen, y en el barrio de San Julian la de San Antonio Abad; antiguamente junto al portal de Valencia había un pequeño cerro en cuya cumbre se elevaba una bonita ermita llamada de *San Redentor*, a la que el día de Santa Cruz de Mayo iba el clero de la Catedral y después de bendecir desde allí los términos, se celebraba con este motivo una fiesta muy solemne: en la carretera de Alcañiz y a la vista todavía de Teruel, se ve el *llano de San Cristóbal*, donde antes estuvo el *Fonsal* o cementerio de los judíos [18]: se llama de S. Cristóbal, porque había una ermita dedicada a este Santo, en cuyo día los teruelanos iban a ella en animada romería y se corría ensogado y embolado un toro llamado *El Toro de la Ciudad*, que llevaba una estrellita en el testuz y una mantilla con toretes y estrellas bordados.

Los alrededores de Teruel dan a entender claramente al observador, que allá en tiempos estuvo todo cubierto por las aguas de un gran lago, pues aparte de otras pruebas, encuéntranse multitud de impresiones de yerbas, peces, caracolillos etc. etc.: en cuanto a lo demás por allí se encuentra tierra arcillosa, por allá canteras de piedra, por acullá depósitos de piedra de yeso, y por do quiera vetas de *turba*, de donde tal vez algunos dieran este nombre a Teruel, cuyos contornos así como casi todo el terreno de la provincia, encierra en sus entrañas riquezas inmensas, del reino mineral, que sin lugar a duda hacen en esto a *la provincia de Teruel la mas rica de todas las de España*. ¡Sensible es que no se esplote mas! ¡Lástima que el proyectado ramal de ferro-carril de Calatayud a Teruel, no se lleve a cabo, para facilitar esa esplotación y animar la vida de la capital y de sus pueblos!

Capítulo II.

Aspecto esterior e interior de Teruel. – La puerta de San Salvador. – La de la Anda-quilla. – La de la Traición. – El auto de fe. – El Acueducto de Teruel.

Vista por fuera la ciudad de Teruel admira por su posición soberbia y por la magestad de sus altas y moriscas *torres* coronadas de caprichosos arabescos y levantadas sobre arcos que por su pie abren paso a la calle con pintoresca osadía.

No tan bella parece la ciudad en su interior, antes bien produce una impresión algo desagradable lo empinado de sus cuestas, lo tortuoso de muchas lóbregas calles, y el mezquino y ruinoso aspecto de sus edificios, entre los cuales descuellan por su solidez y grandes proporciones, ya que no por su artística belleza, la casa de la Comunidad y el Seminario, edificios situados el primero en la antigua plaza de la Marquesa, ahora de la Libertad, y el segundo en la plaza de su nombre dando ya fuera de la ciudad.

La distribución interior de las casas, es antigua y de poco gusto, ofreciendo por lo general en su esterior un aspecto poco ventajoso y sin ningún orden arquitectónico: en los últimos años, sin embargo, se han mejorado y cada día se mejoran mas algunos edificios, y se construyen o se reedifican otros, según el gusto moderno.

No se busque en Teruel, ni tampoco en su provincia, los nuevos adelantos de la industria y del comercio, ni los goces refinados de la civilización moderna: pero bastante pureza de costumbres, nobleza de carácter, franca hospitalidad mezclada con alguna rudeza y pueblos esencialmente agrícolas, eso si se encontrará.

De las siete puertas que antes daban entrada en Teruel, solo hoy están en pie las tres siguientes:

1.ª La de *San Salvador*, nombre que recibe del templo y de la calle a que da paso; es toda de piedra y de gran solidez y se cree fue construida muy poco después de la fundación de la ciudad.

2.ª La de la *Anda-quilla*, hecha en la misma muralla, y cuyo nombre, según algunos, procede de que cuando D. Diego Garcés de Marcilla, llegaba a Teruel montado en una jaca la noche en que se cumplía el plazo de espera dado por su amada D.ª Isabel de Segura, al entrar por aquella puerta oyó la primera campanada de un reloj que daba las once y que D. Diego creyó las doce, y entonces hincando la espuela a su cabalgadura para llegar a tiempo a la casa de Isabel, dijo a su escudero: «*Camacho perdidos somos*» y a la jaca «*Anda, jaquilla,*» palabra que corrompida hoy la pronuncia el pueblo «*Anda-quilla.*»

3.ª La puerta de la *Traición*, [19] situada junto al sitio que por la parte de la ciudad empieza el acueducto: la traición conserva sin duda ese nombre, a causa de haber penetrado por ella llevándolo todo a sangre y fuego, las tropas de D. Pedro I de Castilla (el Cruel o el Justiciero), durante la guerra de los nueve años: no faltó denuedo a los teruelanos para defender sus hogares: por espacio de nueve años sostuvieron las embestidas de los ballesteros castellanos y no les intimidaron la ruina y mortandad que producían las enormes piedras que desde fuera lanzaban las bombardas. Rindiose Teruel, según dice el P. Traggia, *el día negro de Santa Cruz – 1365 – Miércoles al medio día por tracto malo et falso.*

Siguiendo la muralla en la parte mas alta del Tozal [20], se hallaba la puerta de *Zaragoza*, porque antes empezaba desde ella el camino que conducía a dicha ciudad: entre ambas puertas hay una pequeña planicie, en la cual el día 7 de Enero de 1486, tuvo lugar un auto de fe: fueron allí quemados por heréticos o judaizados, nueve vecinos de Teruel, siete hombres y dos mugeres: desplegose fúnebre e inusitada pompa para el cruento espectáculo: escoltados por mucha gente armada de a pie y de a caballo llevaron a los presos por la carretera de la cárcel, desde las casas llamadas del Arzobispo, hasta la plaza llamada del Mercado, en la cual habían erigidos dos cadalsos: subieron al uno el inquisidor y sus ministros con trages negros; ocuparon el otro las víctimas con sambenitos amarillos y mitras de color negro: después de una arenga que les dirigió el inquisidor, leyose a cada uno su proceso y deposición de testimonios, y luego llevados a la planicie mencionada, y en la era de Pero Pancha fueron quemados en las grandes hogueras que al efecto se habían encendido.

He aquí los nombres de los condenados: Jaime Martínez Santangel, mayor; Francisco Tristán, mayor; Francés de Puigmija; Diego de Toledo; Pero Pomar, mayor, Jaime Pomar, su hermano; el notario Joan Sanchez De xarch (a) el Royo; la muger de Ferrando Rám y la de Gil de Gonzalvo Roiz.

Algunos meses antes de este suceso, del que el cronista, testigo presencial, dice con ingenua conmiseración, que era piedad ver una cosa tan nueva en Teruel, algunos meses antes, decíamos, el 30 de Agosto de 1485, habían sido también quemados en la plaza del Mercado, Berenguer Rám; Gonzalvo Royz, mayor; su hijo Gil de Gil Royz, y Violante de Santangel, su muger. La mayor parte pertenecían a las familias mas distinguidas de Teruel, especialmente la de los Santangel, que era una de las mas poderosas y opulentas.

El *Acueducto de Teruel*, o los *Arcos*, como le llaman comunmente, es uno de los monumentos mas notables por su construcción y por el buen servicio que presta a la población: junto a la puerta de la Traición se levantan los esbeltos arcos que le forman: en el año 1537 [21], el insigne arquitecto Pierres Bedel empezó a fabricar esta escelente obra que se hizo para conducir el agua de una fuente que dista media legua de la ciudad para el abasto de esta: fue preciso taladrar un monte de piedra picada, con el fin de que en dicho trecho reposase el agua; coronando esta obra al remate de ella, para pasar un valle, con ocho arcos de tanta altura y maravilloso primor, que se tiene por obra de las mas admirables de España: tiene cada arco de concavidad noventa y cuatro palmos geométricos y costó mas de cincuenta mil escudos.

En la parte del suelo del barranco hay dos grandes arcos, y encima de estos hay seis, por cuya parte superior atraviesa el cauce del agua para surtir las fuentes de la capital; el punto de donde arrancan los seis arcos sirve de puente para pasar al camino y barrio de las Estaciones.

Dicho acueducto, pertenece a la clase de los *aparentes*, está construido con grandes piedras sillares, la canal por donde va el agua está revestida interiormente de un cimiento muy duro, los arcos están sostenidos por seis pies derechos y sobre el punto de donde salen los pilares del segundo orden, hay grandes almohadillados que contribuyen a hacer mas admirable el acueducto y a dar mas solidez a la obra.

Dejando a la izquierda el barrio citado poco ha, encuéntrase otro arco sólido pero de poco gusto que da paso al agua que vá por el acueducto descrito, y siguiendo adelante, cerca ya del cementerio se halla una fuente de un caño sobre del cual se lee: *Desde este punto a la mina del Collado se varió la cañería y se colocó de hierro: – año 1866. –* Efectivamente desde este sitio sigue la cañería, y pasan por debajo del Collado o cerro de Santa Bárbara, al depósito de donde parten las aguas para recorrer todo el trayecto que desde el acueducto hemos venido recorriendo.

Capítulo III.

Las Calles, las Plazas, las Fuentes y los Algibes de Teruel.

Las calles de Teruel son por lo general estrechas, tortuosas y medianamente empedradas, pero muchas hay muy aseadas y algunas con alcantarillas: para el sistema de las calles puede considerarse la ciudad dibidida en dos partes; por la del Salvador que unida al Mercado y calle del Tozal, corre de E. a O. formando una línea semicurva desde la puerta del Salvador a la antigua de Zaragoza. En el lado izquierdo de esta línea hay veintisiete calles; la mayor parte en línea recta y paralelas entre sí, distribuidas con bastante regularidad, siendo las principales la del *Seminario*, por que conduce a la plaza donde está este establecimiento: antes se llamaba de *Acuavera* por vivir en ella una de las mas antiguas familias de Teruel; la de los *Amantes*, porque allí habitaron estos y sus familias; antes se llamó de Ricos-Hombres, por las familias nobles que en ella vivían y en cuyas casas se ven todavía los escudos de armas: la de *S. Juan* que conduce a la plaza de su nombre: la de los *Mártires*, por haber vivido en ella los compatronos de Teruel, San Juan de Perusia y San Pedro de Saxoferrato: la de *Francés de Aranda*, en memoria de este ilustre y caritativo personaje; también se llamó esta calle la de la Pescadería, porque antes era el único punto donde se vendía el pescado: la de *Santa María*, así llamada porque conduce a la Catedral conocida antiguamente por «Iglesia de Santa María de Media-Villa» a causa de que ocupaba precisamente el centro de la villa de Teruel: en esta calle, al buscar tierra firme para levantar el cimiento de la casa de Lagasca, se encontró a unos treinta metros de profundidad un espacioso subterráneo sostenido por columnas de piedra; la parte de un lado parecía baño árabe, y la del otro que se dirigía hacia la plaza del Mercado, tenía a una distancia regular, cavidades largas a manera de pesebres: se cree con fundamento ser todo esto obra de moros, y mas si se fija la atención en una pequeña mezquita que hay casi debajo y delante de la fuente de la plaza del Mercado, con la que tal vez se comunicaba el subterráneo encontrado en la casa de Lagasca: todavía hay personas en Teruel que en tiempos de la guerra estuvieron en dicha mezquita, ya casi desconocida.

Plazas, Fuentes y Algibes. Se encuentran catorce plazas en Teruel, la *Mayor* o del *Mercado*, cuya figura es un polígono, tiene quinientas treinta y siete varas cuadradas y soportales en sus contornos bien pavimentados: en esta plaza se ven las principales tiendas de comercio y fuera de los soportales el abundante mercado de artículos de consumo de todas clases y diferentes puestos, que se llaman *paradas*: Valencia, Sagunto y otros puntos surten a esta población de cuanto se cría en aquellas fértiles huertas y de todo lo demás que necesita: hubo un tiempo en que en la plaza de que tratamos se dieron corridas de toros, a las que asistían muchísimos espectadores habiendo llegado a pagar a media onza el asiento en uno de los espaciosos balcones que todavía existen: en ella está también la antigua casa de Ayuntamiento, desde cuyo balconage dirigieron la palabra al pueblo teruelano por diferentes veces, los que después fueron mártires Fr. Juan y Fr. Pedro de Pisa, con el fin de calmar los ánimos, pues a consecuencia de la trágica muerte de los *Amantes*, del dolor y lástima pasaron las circunstancias a la ira, volviendo a recrudecerse los bandos y parcialidades que dividían la población principalmente entre los Muñozes, Garceses y Seguras, quienes hubieran acudido a las armas a no mediar con su palabra aquellos venerables religiosos.

Casi en medio de dicha plaza hay una antigua fuente de construcción irregular, que tiene cuatro caños de agua la que va a parar a un pilón tal cual ancho: en el centro se eleva una columna, sin mérito alguno artístico y en su parte superior hay un toro que le sirve de adorno: al pie próximamente de esta fuente, [22] hay una piedra que cubre una angosta escalera que da a un recinto fuerte y abovedado, parecido a una mezquita de la cual nos hemos ocupado poco ha. Cerca de allí debajo del pavimento, hay tres *algibes*, que, según un manuscrito conservado en la Academia de la Historia, Colección del P. Traggia, tomo XIX, [23] los comenzó a obrar en el año 1375, el Sr. Castellan de Amposta, et después día domingo a 30 días de Octubre, faciendo hi una almoneda de D.ª Juana de Alcañiz, sumiose la cubierta del uno con veinticuatro homes et cuatro mullieres, y no escapó mas de uno.

La plaza de la *Marquesa*, (ahora de la Libertad), es de figura cuadrilátera de cuatrocientas veinte varas de superficie: está decorada con las fachadas de la Comunidad y la de la Marquesa de la Cañada, con una fuente pública en el lado del Oeste.

La de la *Catedral*, es un polígono de trescientas ochenta y nueve varas de superficie con una fuente en el costado del Norte, y las fachadas de las casas consistoriales y la Catedral. La de *Santiago*, de figura cuadrilátera con sesenta y seis varas de superficie, y una fuente al lado del Oeste. La del *Seminario*, figurando un polígono de cuatrocientas treinta y seis varas, está decorada con el frontispicio del Seminario conciliar de quien toma el nombre. La de *San Miguel*, de forma cuadrilátera con setenta y dos varas de superficie. La del *Paseador*, que tiene ochocientas veintitres. La de *Bolanár*, treinta y ocho. La de *San Andrés*, cincuenta y siete con una fuente en medio. La del *Tremedal*, de ciento treinta y cinco varas. La del *Gobernador*, de forma cuadrilátera y de ochenta y siete varas. La de *San Juan*, de ochocientas treinta y ocho, llamada así del templo que hay en ella. Las dos primeras corridas de toros que se celebraron en Teruel con motivo de unas fiestas reales por Fernando VII, diéronse en esta plaza, habiéndose invertido una cuantiosa suma en madera para formar tendido y cerrar la plaza: en ella se encuentra la antigua casa de los Barones de Escriche y el Hospital, del que nos ocuparemos mas adelante.

Por último la plaza de la *Judería*, de trescientas sesenta y siete varas de superficie: se llama así por que en ella y en algunas calles vecinas habitaron los judíos, quienes por la noche cerraban con grandes puertas el barrio que ocupaban, en el que todavía existe la casa donde residía el caudillo, y que mas tarde ocupó el Rey D. Alonso; siendo digno de particular mención el techo de madera de la habitación principal por sus notabilísimas pinturas de figuras, monstruos, sierpes, toros con estrella y alguna que otra representación quimérica, pinturas que han llamado estraordinariamente la atención de cuantos curiosos y amigos de antigüedades han ido a examinar aquella casa, hoy ocupada por la honrada familia de un tejedor. Tenía comunicación con un torreón de piedra llamado castillo de *Ambeles*, que hay en el paseo-ronda de este nombre, y que, según voz común, había a su pie una puerta por la que subterráneamente se podía salir al cerro de Santa Bárbara que está en la sierra vecina, dándosele aquel nombre porque dicha Santa tuvo erigida allí una ermita: cerca de ella hay una cueva de regular profundidad, que por tener tres agujeros para entrar, se conoce por la *Cueva de las tres puertas*.

Capítulo IV.

La antigua Iglesia de Santa María de Media-Villa, ahora la Catedral. — San Pedro. — San Martín.

La fábrica de todos los templos de Teruel, es de igual antigüedad, y los restos que aun se conservan en algunos desde su primera planta respiran aquel gusto de la arquitectura arábiga como son las torres para los campanarios, únicos restos que han quedado de la antigüedad, por que lo demás de los edificios se han renovado en la sucesión de los siglos, y algunos han llegado a la mejor forma y perfección de la arquitectura.

Por lo que hace al templo que nombramos primeramente en el epígrafe de este capítulo, diremos que, antes tenía la advocación de *Santa María de Media Villa*, por ocupar el medio o centro de la entonces villa de Teruel: en un principio era simple parroquia, hasta que en 1423 se erigió en Colegiata a solicitud de los teruelanos, hallándose en Teruel el Arzobispo de Zaragoza D. Alonso Argüello y el Rey D. Alfonso V. celebrando Córtes con los aragoneses: En 6 de Octubre de 1347, el Rey D. Pedro el IV solicitó de la Santa Sede, la elevación de la Colegiata a Catedral, pero no se consiguió hasta que reiterada la petición por el monarca Felipe II al Papa Gregorio XIII, este, en 30 de Julio de 1577, espidió una bula accediendo a la solicitud del Rey. Nuevamente se reiteró por Sisto V en bula de 5 de Octubre de 1587, confirmada después por otra del Pontífice Gregorio VIII, fecha 3 de Julio de 1593.

Consta de tres naves paralelas con un crucero, sobre el cual descansa un cimborio de dos cuerpos al estilo gótico: la nave de enmedio y el tras-altar han sido renovados de arquitectura moderna: los adornos del templo son bastante escasos por cierto, siendo muy regular el techo de las naves laterales. El altar mayor en cuanto a su arquitectura es de estilo medio o plateresco, pero el de la escultura es mas grandioso, pertenece a la escuela florentina del tiempo del célebre Miguel Angel. En doce tableros colocados en los diferentes cuerpos del retablo se ven asuntos de la vida y pasión del Redentor con figuras casi totalmente relevadas: en el parage principal está la Asunción de Nuestra Señora, de escultura y treinta y tres estátuas colocadas en los nichos del retablo. En el libro de estatutos y otras memorias de la Catedral se lee: *El año 1536, M. Juan Navarro y los Canónigos, hicieron hacer el retablo mayor de masonería; hízolo Maestre Gabriel Francés, y año 1538, murió dicho oficial: está enterrado en la puerta del Coro, costó, como está en blanco y sin dorar, veinte mil escudos.* — En otros asientos dice: *Aniversario, día de San Josef por Maestre Gabriel Yoli, imaginario de quince sueldos a cargo de la fábrica.*

A la derecha del crucero hay un magnífico cuadro de las Once mil Vírgenes firmado en 1628, *pinxit Antonius Bisquert*; este eminente artista era valenciano, se estableció en Teruel en 1620, y murió en 1646. Al lado de la Epístola y propiedad de los Duques de Villahermosa está la capilla de los Santos Reyes; todas las pinturas del retablo honran sobremanera al artista, pero muy particularmente la de la Epifanía representada en el parage principal: es copia de otra de Rubens, ejecutada por Francisco Gimenez, natural de Tarazona: atribuyese la muerte de Bisquert, a la melancolía que le ocasionó el haber intentado en valde hacer igual pintura. En dos urnas colocadas a cada lado de la capilla, se encierran las reliquias de los santos mártires Alejandro, Jacinto, Leon y Eugenio; y las de las vírgenes Gerónima, Margarita y Escolástica.

La reja del Coro, de gusto gótico, se ve adornada con grandes follages, y algunos ramilletes ejecutados con el mayor primor: su sillería, regalo del Obispo de Teruel D. Martín Ferrer, después de ser promovido a la de Tarazona, a principios del siglo XVII, es de orden dórico con columnas istriadas entre los asientos.

Varias son las alhajas que se conservan en este templo tales son: una custodia de plata de orden plateresco con seis columnas abalaustradas; en el tabernáculo ovalado y entre los dos ángeles que sostienen la sagrada Hostia, hay un pequeño dosél y un arco para el monumento, todo del mejor gusto, teniendo la siguiente inscripción: *Humilium celsitudini Petrus Martínus Rubio, Decanus Turolensis, surdinæ vice Regia Gubernator, sacræ Romanæ Rotæ auditor.* Posteriormente el Obispo de Teruel, D. Francisco Perez Prado y Cuesta, regaló, según digimos al tratar de los Obispos, otra preciosa custodia labrada en Córdoba, en 1742 por Bernabé García de los Reyes: consta de mas de catorce arrobas de plata, su estilo es churrigueresco, su forma la de un templete de dos cuerpos sobrepuestos, sostenidos por columnas con relieves y adornos de buen gusto, y terminando en una corona imperial: costó dos mil pesos.

Otra reliquia notable es la cabeza de Santa Emerenciana, vírgen y mártir, patrona de Teruel, cuya festividad se tiene trasladada a la feria tercera después de la Ascensión: fue proporcionada esta preciosísima reliquia el año 1361, por D. F. Juan de Heredia, Gran Maestre de Rodas. La imagen de esta Santa, es de plata, como también la de la Asunción de Nuestra Señora, y la de Santa Gerónima.

Nada mas de notable contiene este templo: tiene dos puertas, una que da a la plaza que lleva su nombre, y otra al Palacio Episcopal, edificio formado y estendido con otros adyacentes, y en el que nada llama la atención del artista ni del curioso, si se esceptua su patio compuesto de un intercolumnio jónico labrado con buen gusto.

El templo de la parroquial de *San Pedro*, acaso se conserva, a pesar de su renovación en 1741, en general, como en su primitiva fundación: parece atestiguarlo así su anchura y aplastada nave gótica, única de que consta: estátuas colosales y de muy mediano gusto, representando en su mayor parte el apostolado, se ven esculpidas en los postes. El altar mayor, como obra de un mismo artífice, aunque mas en pequeño, es igual en su orden al de la Catedral, con la diferencia de que así como en este se representan pasages y misterios de la vida del Redentor, en aquel son concernientes a la vida y martirio del santo Apóstol: también es obra de Gabriel Yoli, otro retablito al lado de la Epístola, con relieves en miniatura, y en cuya parte principal se ven representados de escultura, los médicos San Cosme y San Damian: aquí se encontraron los cadáveres de los *Amantes de Teruel*. Como se incorporó a esta parroquia la de San Esteban, se ve este santo colocado en el testero de la reja de hierro de la puerta donde fina el arco sobre que se halla, a manera de la de San Martín y San Salvador, fundada su torre. Rebajada en 1795, perdió todo su mérito artístico, porque se adulteró su primer cuerpo, y se hizo el segundo de bastante mal gusto.

Cual perenne centinela se descubre por la carretera de Zaragoza, la arabesca Torre de *San Martín*, pegada a su Iglesia e inmediata a la puerta de la Anda-quilla: levantada la torre sobre un arco que abre paso para la mencionada puerta, al verla, asalta a la imaginación la idea de si fue o no árabe su artífice, por lo arabesco de su construcción, por sus adornos del mismo género, y por las almenas que en el último término la ciñen. Fundida al parecer en un mismo molde que la de San Salvador, tienen ambas en sus cuatro lados multitud de compartimientos, cornisas y frisos sobrepuestos, y cuadros en que están intercaladas algunas pequeñas columnas de barro cocido y embarnizado de varios colores, multitud de ladrillos formando una especie de mosaico muy grato a la vista.

Consta el cuerpo superior de una galería de arcos ojivos, sobre los cuales se dejan ver otros menores de forma también arábiga: desgastada por los cimientos, tratose de su reparación en 1549, con cuyo objeto se citaron los mas hábiles profesores que a la sazón había en el territorio: presentó cada uno su plan, y por juzgarlo mas basado en principios y por consiguiente de mas prontos y felices resultados, fue admitido el de Pedro Bedel, francés; que se hallaba entonces labrando la Iglesia de Mora (provincia de Teruel). Apuntaló la torre perfectamente y con tal maestría, que sostenida por las vigas abrió el cimiento y lo obró de cal y canto hasta la cara de la tierra, dejando suspendida la torre y la obra en este estado para que formara asiento por espacio de un año; y en 1551, comenzó a ir cortando y reparando poco a poco, hasta que la dejó tal como en el día se encuentra, con gran admiración y aplausos de todo el pueblo teruelano que acudió a ver quitar el andamiage el día señalado al efecto. Fue la construcción de los andamios y puntales tan portentosos, que ávidos corrían los viajeros instruidos a estudiarlos, los curiosos a embeberse en su contemplación, y no pocos trasladáronse a Teruel, con el único y esclusivo objeto de admirar la obra del inmortal y modesto Bedel, que se concluyó en el mismo año. Como homenage digno a su genio, se le encomendó después el acueducto, y merced a su fama hubo de construir la célebre mina de Daroca, la fuente de Celadas y últimamente la Catedral de Albarracin, donde murió en 1567: el jornal de Bedel en los días que trabajaba era el de diez sueldos: pago harto mezquino a tanto mérito.

La Iglesia de San Martín es una de las mejores de Teruel, y de orden dórico sencillo; separada de su torre en la memorable guerra de la Independencia, se reconstruyó con el objeto de volverla a unir por Mosen Rafael Perez, prior que era del Capítulo, todo el crucero del trascoro, pero tan perfectamente y tan bien continuado el orden arquitectónico, que es necesario hasta el mas inteligente, que se le advierta la renovación para conocerla: tiene esta Iglesia dos copias bastante bien acabadas de Güercino y Aníbal Caraci, y un retablo en la sacristía de dos cuerpos con cuatro columnas corintias, cuyas pinturas son de Antonio Risquért.

Capítulo V.

Las Iglesias de San Juan, San Andrés, San Salvador, Santiago y San Miguel. — Los conventos y los ex-conventos de Teruel.

Poco tiene de notable el templo de la parroquia de *San Juan*; su torre que data desde 1342, parece hallarse levantada sobre un torreón árabe, que, con otros dos de igual orden que se hallaban donde hoy está el ex-convento de Dominicos, y otro denominado la Torre del Redentor, formaban el punto mas fuerte de Teruel que se llamaba la *Ciudadela*; el templo se renovó a principios del siglo 18; sus altares respiran regular gusto artístico: fue profanada esta Iglesia por las tropas a las que sirvió de cuartel, pero después fue renovada y restaurada celebrándose en memoria de esto último una solemne fiesta el día 7 de Febrero en que se abrió nuevamente al culto, habiéndose encontrado enterrada, no sabemos con que objeto una imagen de Jesucristo, que mas tarde fue restablecida en la mayor veneración por su hallazgo, y devoción general de los teruelanos.

Sobre la puerta de la parroquia de *San Andrés*, dascuella la torre cuadrilonga y almenada, remedo de la de San Martín y Salvador, pero con escasísimo número de labores: la Iglesia renovada también nada tiene de notable en su orden arquitectónico: el altar mayor es de figura de templete y en el centro se ve de bulto el santo patrono: en esta Iglesia descansan las cenizas de D. Antonio Sanchez Muñoz, Obispo de Albarracin y Segorbe, y miembro del Concilio Lugdunense en 1274: murió en Teruel su patria en 1.º de Setiembre de 1318: este ilustre Señor y su familia debieron ser decididos patronos de esta Iglesia, puesto que sus armas se ven pródigamente repetidas en el cimborio y bóvedas del templo.

La Iglesia parroquial de *San Salvador*, dedicada en un principio a la Epifanía, es de gran buque, pero de mal gusto: venérase en este templo un Cristo (colocado ahora en el altar mayor y antes en la capilla de Santa Ana,) llamado el *de las tres manos*, a causa de verse una pegada en el costado derecho [24]: es la imagen en que mas fe tienen los turolenses, y a quien muy devotos acuden en sus lances mas apurados de sequía, epidemias y catástrofes, como la mejor áncora de su salvación. Cuando el Rey D. Jaime hallábase en Teruel en disposición de emprender la conquista de Valencia, adelantáronse los teruelanos a buscar al enemigo sin orden del rey, y al tiempo de partir sacaron procesionalmente al mismo Cristo hasta fuera de la población como en señal de despedida. En Junio de 1867, hallándose los habitantes de Teruel en el estado mas aflictivo por la grande escasez de aguas, causa del aspecto desconsolador que presentaban los frutos de la tierra, agostados por los abrasadores rayos del sol; se llevó a la Catedral en solemne procesión rogativa dicha Sacratísima Imagen, a la que asistió el pueblo entero de Teruel: concluido el tiempo de novena, durante el cual llovió aunque poco, fue vuelta con la misma solemnidad a su Iglesia de San Salvador, y al regresar el clero y demás acompañamiento a la Catedral llovió de una manera tan abundante como pocas veces han visto los ancianos de Teruel, algunos de los cuales así como los documentos que hemos consultado, confirman lo que acabamos de consignar acerca del Santísimo Cristo del Salvador.

Con referencia a papeles antiguos podemos añadir sobre esta Imagen, que con favorable éxito fue sacada de su templo y llevada a la Catedral en solemne procesión rogativa en el siglo pasado, en las fechas siguientes y por los motivos puestos a continuación.—En 7 de Mayo de 1702 por sequía; en 1,º de Setiembre de 1703, por epidemia: en 15 de Mayo de 1712, en 13 de Octubre de 1751, y en 29 de Setiembre de 1752, por sequía: en 24 de Marzo de 1754, por terremotos; y en 2 de Junio de 1780, por sequía. Consérvase en este mismo templo un esqueleto en el mejor estado, de una estatura colosal, ignorándose hasta la fecha su auténtica procedencia, si bien se supone sería algún militar, por descubrirse en su cuerpo un agujero de la figura de un balazo.

En la primera capilla, entrando en la Iglesia parroquial de *Santiago*, hay un magnífico retablo de Antonio Bisquert; no cediéndole en mérito otro retablito que hay en la sacristía: su torre, según la tradición, fue cárcel del tiempo de los romanos, y en ella estuvieron presos en su paso para Valencia S. Vicente Martir y su maestro San Valero: también según la tradición, fue esta Iglesia mezquita; y palacio árabe el convento inmediato de religiosas de Santa Clara, o de las Monjas de Arriba, como le dicen en la ciudad.

La Iglesia de *San Miguel*, parroquia de este nombre, consta de tres naves iguales, separadas por ocho antas de arquitectura moderna: fue renovada a mediados del siglo pasado: el altar mayor, costeado casi todo por el Ilmo. Sr. Obispo turolense D. Francisco Perez de Prado, tiene en su parte principal la Purísima, con cuya condición el prelado ayudó con sus fondos particulares a la construcción: al lado de la Epístola y en una urna, se ve a Santa María Magdalena, de bulto, en actitud penitente y contemplativa, perfectamente acabada:

debajo del órgano hay un altar de San Jorge, de bastante mérito, y que se supone con mucho fundamento ser de la época del Rey D. Jaime, así como un Nazareno con la Cruz a cuestas, que va en las procesiones de Semana Santa: el mencionado Rey D. Jaime, cuyo retrato se conserva al lado del retablito de San Jorge, fundó en 1262 una cofradía de Caballeros de Teruel, siendo el monarca el primer cofrade: hay en la Secretaría de esta Iglesia un San Juan Bautista de cuerpo entero, que patentiza la valentía del pincel que le esculpió en el lienzo.

El Convento de *Monjas Claras*, de *arriba*, fundado por los Reyes de Aragón D. Pedro IV, y D.ª Leonor en 1367; tiene una Iglesia de tres naves, en donde se ven algunos frescos de Vicente Vidal: su titular es Santa Catalina Martir, cuya imagen se halla en el lienzo del altar mayor: todo el edificio revela la antigüedad y magnificencia de sus reales fundadores.

El Convento de *Monjas descalzas de Santa Teresa*, o Monjas de *Abajo*, es de una nave con cruz latina: para esta fundación dejó sus bienes D. Domingo de Vencochea, natural de la ciudad de Teruel, pero no siendo suficientes, se proporcionaron mayores con la piedad del pueblo, y sobre todo con los generosos auxilios del Ilmo. Sr. Obispo D. Diego de Chueca, que dirigió la obra con la mayor magnificencia y tuvo el grato consuelo de consumarla y establecer las fundadoras que llevó de Zaragoza en 1660.

El ex-convento de *San Francisco*, es de la mayor antigüedad y es de los días del Santo Fundador, quien envió a dos religiosos llamados San Juan de Perusia y San Pedro de Saxoferrato, italianos, los que fueron admitidos en Teruel a principios del año 1217 precisamente en el que ocurrió el trágico suceso de los *Amantes*, en cuya época tomaron posesión de la ermita de San Bartolomé, que les concedió el Ayuntamiento de Teruel, ermita que hoy se conserva dentro de los que fueron claustros de dicho convento: cada uno se arregló su habitación a los dos lados de la ermita, conservándose todavía el pozo llamado de los Mártires a cuyas aguas atribuyen, algunas personas piadosas de Teruel, la virtud de curar varias enfermedades: dichos religiosos edificaron al pueblo con sus buenos ejemplos y llevados del celo de la religión pasaron a Valencia en donde sufrieron el martirio, siendo rey de los moros, Zeit-Abu-Zeit que algunos llaman *Azoto*, el cual se levantó con el título de *Christíanorum maximus persecutor*, grandísimo perseguidor de los Cristianos. [25]—El pueblo de Teruel pronuncia siempre con gran respeto los nombres de aquellos Santos Mártires, a quienes tiene por compatronos, y recuerda con su respeto los beneficios que hicieron, ora llevando la paz a muchas familias, ora aquietando los ánimos de los bandos de Teruel, en la época de los *Amantes*; ora, en fin, estendiendo su consuelo en la mayor parte de los pueblos enclavados en la provincia de Teruel. Al ser arrojados los moros de Valencia, en cuya empresa distinguieronse no poco los hijos de la capital que historiamos, pidieron por este motivo y por los indicados, los cuerpos de aquellos ilustres Mártires que se conservan en la Catedral. En 1225 se hallaba ya bastante número de religiosos que continuaron la empresa de sus Santos Fundadores. En 1399 D. García Fernandez Heredia, Arzobispo de Zaragoza, favoreció la renovación y fábrica de este convento, y a sus espensas se hizo la Iglesia que fue magnífica por su solidez y arquitectura aunque de una sola nave y adornada con buenos altares. Se celebraron allí algunos capítulos provinciales, y allí también hacían antes mansión todos los Obispos a su arribo a Teruel, y después de descansar del viaje y recibir las primeras visitas, entraban solemnemente en la ciudad a tomar posesión de su Silla.

El extinguido Convento que nos ocupa, situado extramuros de Teruel en la ribera del Turia, a juzgar por la gran exornación de la puerta, el gablete, las ventanas subdivididas, así como los rosones en gemelas secundarias con columnitas fasciculadas, cruciformes y bases sencillas con un solo toro bastante complanado; pertenecía a la arquitectura gótica (estilo ojivál.)

En 1783, siendo Obispo de Teruel, D. Roque Martín Merino, inundose toda la vega y llegó el agua hasta el mismo altar mayor, penetrando también por todo el convento, con cuyo motivo dicho Prelado se llevó a su Palacio mantuvo a todos los religiosos. Muchos años antes siendo prados todo lo que hoy es la vega y a la sazón que se mantenían en ellos un número considerable de animales, especialmente de ganado vacuno, hubo grandes tronadas, aumentáronse las aguas de los ríos sobre todo las del Guadalaviar, y arrastraron cuantos animales había en los prados ocasionando además perjuicios sin cuento a los vecinos de Teruel: en virtud de este triste acontecimiento, y para evitar en lo posible su repetición, se construyó una magnífica compuerta y se colocó mas arriba del puente de piedra que hay pasado el pueblecillo de San Blas, cerca de la masía llamada de los Frailes, logrando con esto y con acequias que abrieron, contener por un lado y desaguar poco a poco por otro la corriente del Guadalaviar: andando el tiempo, no se tuvo cuidado de sostener esta buena precaución, y ahora está espuesta con poca diferencia la vega de Teruel, a las mismas inundaciones.

Capítulo VI.

Continuación de los ex-conventos. – El Seminario. – La Sala Capitular.

La fundación del Convento de *Religiosos Mercenarios*, es casi tan antigua como su instituto: los Reyes de Aragón ayudaron mucho al patriarca en esta empresa en la época precisamente en que el Rey D. Alonso II había creado en Teruel la orden militar llamada del Redentor, que por la semejanza en sus objetos fue una imagen de este instituto; y este establecimiento que aquí tuvo su origen y centro, fue posteriormente incorporado a la compañía de los caballeros de San Jorge de Alfambra y en la Iglesia parroquial de San Miguel de Teruel, consérvase una capilla y altar antiquísimo que pertenecía a dicha orden. Por disposiciones capitulares fue agregado este convento a la provincia de Valencia y en todos tiempos hubo en él religiosos doctos y ejemplares: el edificio era muy hermoso, el templo muy digno de admiración, y su titular era el *Salvador*: quedó dicho convento muy arruinado en la guerra contra los franceses, casi del mismo modo que el que fue Trinidad, y que hoy está destinado a escuelas públicas.

El Convento de *Capuchinos*, que por incidencia hemos nombrado en otro lugar, fue fundado por los mismos religiosos en lo que ahora es paseo del Obalo, ausiliados por D. Lupercio Arbizú, Caballero de la orden militar de San Juan de Jerusalem y Comendador de Caspe, habiéndose gastado en ello pingües rentas: El Obispo D. Fernando Valdés dio su aprobación y el Ayuntamiento y el pueblo teruelano prestaron su consentimiento y contribuyeron con la mayor liberalidad a su engrandecimiento que les fue correspondido con usura por los religiosos del convento, cuyo edificio se arruinó totalmente en los calamitosos tiempos de la guerra: después la piedad del Rey y la del Obispo D. Felipe Montoya proporcionaron a los religiosos en Setiembre de 1816 un nuevo convento en el sitio de Villa-Vieja.

La fundación del convento de *Carmelitas descalzos*, preséntase en la historia en una época mas moderna, y aunque hubo que vencer algunas dificultades para su admisión, se les dio sitio para ello en la misma entrada de la ciudad y fue edificado con la mayor magnificencia, siendo su Iglesia de bella forma, su titular era San José y tenía destinados para su conservación bienes de la noble casa de Castellót, amen de muchísimas limosnas de los fieles, que después eran devueltas a un número considerable de pobres que iban al convento a demandar la caridad. Destruido este convento después de la fatal guerra civil, fue demolida su Iglesia por donde hoy pasa la carretera de Zaragoza, y el resto del edificio se destinó a cuartel de la tropa que guarnece la ciudad: ahora está convertido en graneros desde los sucesos de 1868, y la guarnición ocupa parte del Seminario.

El convento de Predicadores de la orden de *Santo Domingo*, ocupado ahora por el Instituto, Oficinas de Hacienda y Guardia civil, se hallaba fundado en el sitio que fue la Ciudadela o principal fuerte de la ciudad de Teruel en el muro de la misma: hízose esta fundación en el año 1611, por D. Miguel Andrés, vecino de la capital cuya historia venimos escribiendo, y su titular era San Raymundo de Peñafort: gastó sumas muy considerables en la fábrica suntuosa de la Iglesia y Casa que sirvió de Colegio de estudios con muchísima utilidad del pueblo y lugares comarcanos, concurriendo a sus aulas un crecido número de discípulos, y de este mismo establecimiento y del Seminario salieron hombres notables hasta tal punto, que además de haber desempeñado altos cargos y dignidades, honraron dentro y fuera de España la ciudad de Teruel y los muchos pueblos de los que hoy constituyen su provincia. ¡Cuanto nos alegraríamos que esta saliese de su marcada apatía en la instrucción y se colocara a la altura de las capitales de España! Permítannos los hijos de Teruel y sus comprovincianos que deploremos su estado en esta digresión, somos aragoneses, nacidos en Zaragoza, y deseamos con toda nuestra alma, que tanto aquella ciudad siempre heroica que con delirio amamos, como las de Huesca y Teruel, no degeneren en nada de lo que fueron en otro tiempo, y sigan con la nobleza de carácter que las distingue, el camino de la gloria científica, artística y militar que la legaron sus mayores, triple gloria que constituía el mas rico florón de la antigua corona Aragonesa.

Reciban desde las pobres páginas de esta nuestra humilde *Historia*, el tributo de la mas entusiasta admiración y gratitud, los aragoneses contemporáneos nuestros que no se dan punto de reposo en honrar con su pluma o con su palabra el noble país en que nacieron, entre los que figuran los nombres de *D. Gerónimo Borao, Don Manuel Andreu, D. Manuel Lasala, Don José Nadál, D. Bienvenido Comin, Don Mauricio Martínez, D. Bartolomé Martínez, D. Vicente Ventura, D. José Puente, D. Narciso Ena, D. Custodio, Don Mariano y D. Vicente Carderera, D. Angel Gallija, D. Tomás Lalaguna, D. José María Huici, D. Esteban Gabarda, D. Miguel Ferrer, D. Joaquin Mateo, D. Martín Sanchez, D. Leon Ros,* y *D. José Ríos* y una distinguida pléyade de jóvenes aragoneses en cuyo número se cuentan *D. Eusebio Blasco, D. Joaquin Tomeo, D. Martín Villar, D. Pablo Gil, D. Juan Clemente Cavero, D. Joaquin Marton D. Agustin Paraiso, D. Julio Monreal, D. Joaquin Gil Verges, D. Mariano Viscasillas, D. Eugenio Borao, D. Francisco Codera, D. Constantino Gil, Don Juan Pablo Solér, D. Francisco Navarro, D. Santos Pina, D. Bruno Solano, el vizconde de Torres-Solanot, D. Iñigo Figueras, D. Cándido Campo, Don Marceliano Isabal, D. Leon Abadías, D. Mariano Supervia, D. Antonio Aparicio, D. Mariano Baranda, D. Pedro Andrés Catalan, D. Andrés Cabañero, D. Joaquin Torres, D. Mariano Martín, D. Pedro Pomar, D. Elías Vicente, D. Filomeno Cueva,* y, en fin, otros muchos jóvenes que nos dispensarán si no les nombramos por sernos infiel la memoria al entrar en prensa estas páginas, y que todos dan y esperamos que darán días de gloria al país aragonés.

Contiguo al ex-convento de la Trinidad, descuella el *Seminario*, edificio de colosales dimensiones pero sin ningún orden arquitectónico marcado: fue en un principio colegio de jesuitas, parque en la guerra civil, seminario después, y ahora en su mitad cuartel de infantería: en toda época por su solidez, por sus proporciones y por su situación, ha sido considerado como el mejor punto militar, y por consiguiente en todas las guerras ha sido destinado para este objeto: tiene una magnífica Iglesia de una nave con cruz latina, si bien aglomeradísimos y confusos los adornos y frescos, de los que los hay de perfección rara y muy bien conservados: lo mejor de este templo (en donde se ven unos cuantos centenares de armas en mal estado e inútiles), es el busto de su fundador el Obispo de Teruel e inquisidor general D. *Francisco Perez de Prado*, ejecutado por D. Felipe de Castro.

Espulsados de España los jesuitas, por real pragmática de 2 de Abril de 1767, ocupáronseles al mismo tiempo sus temporalidades, con la reserva empero de adjudicarlas, muy particularmente sus edificios, a los objetos que se considerasen mas útiles, previos informes en especial de los diocesanos respectivos: Hallábase a la sazón ocupando la Silla de Teruel el Ilmo. Sr. D. Francisco José Rodriguez Chico, quien impetró del Rey Cárlos III, la concesión del Colegio e Iglesia de la extinguida orden y algunas de sus rentas para Seminario Conciliar, gracia que concedió el monarca en 25 de Agosto de 1769. Concedido que fue, se hizo preciso atender a su sostenimiento presupuestado en cinco mil pesos, no habiéndose podido reunir por de pronto mas que mil ochocientos treinta y dos; luego, merced a una módica cantidad proporcional en dinero, que debía satisfacerse en los meses de Mayo y Junio de cada año, impuesta a todos los partícipes de diezmos del Obispado, se reunió la suma total de tres mil doscientos cuarenta y tres pesos, que si bien no llenaba absolutamente el presupuesto, esto no obstante, era ya suficiente a lo mas necesario y perentorio. En este estado se abrió el Seminario en el que se han venido dando con ligeras interrupciones, las enseñanzas peculiares a esta clase de establecimientos.

La *Sala Capitular*, llamada así por ser un local destinado para celebrar sus reuniones el Capítulo general, es un paralelógramo bastante espacioso y cómodo con su techado de bóveda: está situado en la calle del Seminario en la acera opuesta al teatro y frente al lienzo de pared que mira al norte de la Iglesia de Santiago: a la izquierda entrando tiene un altar dedicado a la Inmaculada Concepción, patrona de la corporación, y en el segundo cuerpo Santa Emerenciana, patrona de la ciudad. En el testero de enfrente colocada en una urna, existe la cabeza auténtica y embalsamada del célebre y eminente D. Gil Sanchez Muñoz, con una inscripción en un cuadro colocado en el lado izquierdo, del tenor siguiente:

«*El rostro de este busto, que embalsamado se ha conservado por la familia de los ilustres señores Sanchez Muñoz, barones de Escriche, es del Ilmo. Señor D. Gil Sanchez Muñoz, racionero de la Iglesia de San Martín de esta ciudad, canónigo de Santa María de la misma, canónigo de la metropolitana de Barcelona, y electo Papa en el día 10 del mismo Junio del año 1423 por los cardenales de la obediencia del llamado Benedicto XIII. Renunció tan alta dignidad por la paz de la Iglesia, cuya determinación participó al Ayuntamiento y capitulares de Teruel en 26 de Julio de 1429. Quedose con el Obispado de Mallorca, en cuyo gobierno murió, y su cuerpo yace en la sala capitular de aquella Santa Iglesia.*»

El capítulo general en obsequio de tan digno y benemérito individuo, construyó esta urna y se colocó en la sala el día 6 de Junio del año 1825: la conservación de este precioso, auténtico, e inestimable monumento se debe al benemérito prior D. Rafael Perez.

En otro cuadrito se conserva una carta del beato Juan de Ribera, patriarca, arzobispo, virrey y capitán general de Valencia, escrita con la ortografía y términos que siguen:

A los muy Rdos. y magníficos Señores el Prior y Capítulo general de la ciudad de Teruel:

Magníficos y muy Rdos. Señores con la carta de Vs. ms. y El recaudo que de su parte me a dado El Rdo. maestro pons e Recibido muego contentamiento, pues se offrece cosa que en esta casa ayan de mandar, y en ella les podamos servir conforme a lo que yo Edeseado. Y el piadoso zelo que Vs. ms. tienen del prouecgo de mis feligreses en el servicio de me Señor me obliga mas, La doctrina del padre fray Moreno donde qaiera que aestado agecgo siempre muego fruto acompañada de subuena vida y exemplo y estoy mux satisfecgo de que El resida en esta mi diócesi: pero, por lo que dicgo tengo procuraré con sus superiores que para el tiempo que Vs. ms. señalan le den licencia que torne a essa ciudad y en todo lo demás que ocurriere Vs. ms. no dexen de mandar en esta casa donde ay muy entera voluntad para servilles, cuyas muy Rdas. personas ntro. Señor guarde y acreciente en su sto servicio de Valencia A XX de Octubre de 1575.»

En ambos costados de la Sala están los patronos de las parroquias, los retratos de D. Raymundo de Castrocol, Obispo de Zaragoza, que en 1217 concordó sobre décimas con el Ayuntamiento y Capítulo eclesiástico de Teruel. El de D. Pedro el IV. El de D. Alonso II y el del Sr. D. Gil Sanchez Muñoz.

Capítulo VII.

El Hospital. – La Casa provincial de Beneficencia. – La Casa de la Comunidad. – Las Casas Consistoriales de Teruel.

El *Hospital* de Teruel situado en la plaza de San Juan, frente a la antigua casa de los barones de Escriche, fue en un principio una casa destinada a los leprosos, con la denominación de San Lázaro, fundada por algunos vecinos de Teruel, antecesores de *Magdalena de la Cañada*, quien, habiéndola habitado desde la niñez, y gobernádola y servido con su persona y bienes, trató después de elevarla a hospital impetrando con este objeto de D. Alonso el IV, le concediera para sí y los suyos, el derecho privativo sobre la mencionada casa de San Lázaro, el privilegio perpetuo de administración y todos los derechos del hospital, gracia que le fue concedida por el monarca en Teruel a 16 de Marzo de 1333. El Rey D. Pedro el IV confirmó dicho privilegio a *Francisca Fillol*, nieta de Magdalena de la Cañada, en Valencia a 10 de Marzo de 1362. El mismo Rey a *Garcia Fillol*, en Zaragoza a 5 de Febrero de 1381. D. Martín de Aragón a *Juana Fillol* en Altura a 10 de Noviembre de 1401. Don Fernando el Católico a García Fillol y Bartolomé Fillol en Burgos a 8 de Julio de 1508. Finalmente, Mariano Martín Fillol, clérigo, con la calidad de heredero del hospital y sus derechos, lo vendió y cedió a favor de la ciudad de Teruel en 2 de Octubre de 1555.

Tiene este edificio cuatro salas muy cómodas y ventiladas en donde anchurosamente pueden acomodarse de ochenta a noventa enfermos: dos de ellas destinadas a enfermedades de medicina y las otras dos a las de cirugía: tiene una Iglesia ovalada con cuatro tribunas y en cuyo retablo mayor está la Asunción.

La *Casa de Misericordia*. Al observar la constante emigración de familias a la ciudad y reino de Valencia por la esterilidad del terreno de la ciudad y partido de Teruel, y que otras en bastante número mendigaban, y de aquí la multitud de ociosos que por do quier pululaban, los Ilmos. Sres. Obispos Don Francisco Rodriguez Chico, y D. Roque Martín Merino, trataron ya de fundar un hospicio de

Misericordia, no pudiendo, sin embargo, llevar a cabo sus buenos deseos. Igual pensamiento y con los mismos resultados tuvieron con respecto a una casa de expósitos; pero el Ilmo. Sr. D. Félix Rico prohijó y dio cima a tan filantrópicas ideas, autorizado para ello por cédula expedida en Aránjuez a 3 de Abril de 1796. Designose para edificio el Seminario de Villavieja, pero las consideraciones de su distancia y que importaría tanto su reedificación como si se construyera de nuevo, hiciéronle desistir de este proyecto. Esto, no obstante, mientras se edificaba la nueva obra, habilitó aquel Seminario, y en él empezaron ya por de pronto a mejorar su suerte los mendigos y los expósitos. Después de vacilar por algún tiempo acerca del sitio que debía ocupar la nueva casa, se decidió por el que hoy existe, con cuyo objeto compró un huerto de los racioneros de San Martín y otro de Don Alejandro Barrachina. En seguida Don Francisco Roca, académico de la de San Fernando y Director de arquitectura de la de San Luis de Zaragoza, levantó el plano muy parecido a la de aquella ciudad, si bien mas en pequeño, nombrándose director de obras a D. Ramón Pardo, arquitecto y vecino de la capital de Aragón. Abriéronse las zanjas y en el día 9 de Febrero de 1798, a las tres en punto de su tarde se colocó la primera piedra entre una concurrencia numerosísima de lo mas selecto de la ciudad convidada al efecto: la colocación de esta piedra fue en el ángulo derecho saliendo de la casa a la parte de O: finalizó la obra a principios del presente siglo: hasta el año 1821 hubo una fábrica de paños bastante acreditada; hoy hay algunos telares de lienzo, alpargatería y varios se dedican también a trabajar esparto: está situada en las afueras de la ciudad, a la izquierda del río Turia y de la carretera de Zaragoza.

En la plazuela de la Marquesa o de la Libertad, se halla la casa de la *Comunidad*. En ella estuvo el Instituto provincial, en ella celebró sesiones la Diputación, en ella se recibían los quintos de la ciudad y de la provincia, y en ella existe hoy el casino llamado del *Porvenir*. Este edificio fue construido en el siglo XVI, con el objeto de reunirse en él para deliberar los comunistas: es de una solidez poco común: su fachada principal de sillería, tiene el carácter de romana; el pórtico se compone de un intercolumnio corintio, terminando el frontispicio con una galería de arcos esféricos apoyados sobre columnas dóricas: el interior es de poco gusto y escasa comodidad.

Las *Casas Consistoriales*, cuyo frente principal da a la plaza de la Catedral, están en regular estado de solidez, y tienen de notable que fue la casa solariega de D. Francisco Fernandez Perez de Aranda, ayo y preceptor del infante D. Fernando, hijo del rey de Aragón D. Juan I, eminente diplomático, fundador de la Santa Limosna, monje lego en la cartuja de Portaceli, y uno de los miembros de la asamblea celebrada en Caspe en 14 de Marzo de 1412, con el objeto de la legitimidad del derecho a la corona de Aragón, entre sus varios pretendientes por la muerte sin sucesión y sin heredero alguno, cuyo derecho fue indisputable, del rey D. Martín I, recayendo la corona en el infante Don Fernando de Castilla. Murió Perez de Aranda en Portaceli en 1438. Está enterrado en el mencionado monasterio en el ángulo de la obediencia.

Frente al costado izquierdo del edificio, hay levantado otro al gusto moderno y también para casa consistorial, pero paradas las obras hace ya bastante tiempo, existe todavía sin poder servir para el Ayuntamiento.

Capítulo VIII.

La instrucción pública en Teruel. — El Periodismo. — El Casino Turolense. — El Teatro. — La Plaza de Toros. — El Cementerio. — El Torreon de Ambeles. — La Torre Lombardera. La Muralla de Teruel.

Como primer establecimiento de Instrucción pública de la provincia, debemos citar el *Instituto de segunda enseñanza*, el cual está dotado de los Catedráticos que marca la ley y con arreglo al plan se la instruye también a los alumnos: tiene un gabinete de física bastante regular y una biblioteca compuesta de 391 obras completas en 1323 tomos, y 217 incompletas en 620 volúmenes, lo que constituye un total de 808 obras y 1943 volúmenes.

Como bibliotecas de alguna consideración merecen citarse la del Palacio episcopal, la del Seminario, la particular del Sr. Lanzarote y alguna otra.

En el *Seminario* se da hoy la enseñanza de Teología. — La *Escuela normal* se suprimió algunos meses ha. — Para la instrucción primaria hay varias escuelas de niñas y niños en la ciudad y en la casa de Beneficencia, a cuyo frente se hallan maestros suficientemente ilustrados y celosos por el aprovechamiento de sus discípulos.

Desde el año 1840, se han publicado en Teruel, los periódicos *El Centinela de Aragón, El Constitucional, El Avisador, El Teruelano, El Turia, La Voluntad, El Órgano de Móstoles, El Duende*, y después *El Tio Pelamangos, La Fraternidad*, luego *La Idea, La Concordia*, y la *Unión del Magisterio*: los dos últimos de primera enseñanza, el Duende, el Órgano de Móstoles y el tío Pelamangos, satíricos, y los demás políticos.

El *Casino Turolense*, sito en la calle de los Amantes, antes de Ricos Hombres, ocupa la casa que fue de los padres de la desgraciada D.ª Isabel de Segura, frente a la cual se ve el solar de la que fue de los de D. Diego Garcés de Marcilla: el gabinete de lectura es bastante bueno y si mal no nos han informado estuvo allí la alcoba de D.ª Isabel y Azagra, alcoba donde exhaló el postrer suspiro en la mas terrible agonía el mismo D. Diego, caballero digno de mejor suerte Tanto este Casino como el del Porvenir, están suscrito a muchos periódicos y en ambos el servicio es bastante bueno.

La figura esterior del *Teatro* es la de un paralelógramo y la interior de una aproximada elipse: caben unas setecientas personas: tiene dos órdenes de palcos, sostenidos y divididos por columnas de madera con capiteles toscanos: el palco escénico no ofrece muchas comodidades; tiene un telar, algunos escotillones, dos vestuarios y algunas decoraciones en regular estado: este edificio fue cuartel de caballería: construyose el teatro por varios vecinos en sociedad: la propiedad del edificio pertenece al Ayuntamiento.

A la distancia de un cuarto de hora próximamente de Teruel, está la *Plaza de Toros*, cuya figura es un polígono regular de veinticuatro codos y su total diámetro consta de ochenta varas castellanas: tiene setenta y dos palmos, grada cubierta y tendido y puede dar cabida a mas de 9000 personas, quedando para la lid un circo de 50 varas de diámetro: es sumamente cómoda y espaciosa en toda su distribución: tiene café, enfermería, pieza de guadarnés, cuadra y cuatro puertas a los cuatro puntos cardinales. Al frente de la del O. y en la parte esterior se hallan nueve toriles, dispuestos de modo que, todos tienen salida a un patio común con objeto de sacar el toro que se quiera, sin necesidad de incomodar a los demás.

La construcción y decoración esterior de la plaza consiste en un zócalo en todo su perímetro, de mampostería compuesta: sobre este una faja horizontal, de la cual arrancan en sus veinticuatro ángulos, igual número de fajas perpendiculares, que juegan con otra de coronación, y hace el lugar de arquitrave o friso, componiendo la parte de cornisa los solerones inferíor y superíor, con sus canecillos y terminando con el tejado a dos vertientes. El todo de la obra es de buen gusto, por sus bellas proporciones, pero en lo que mas resalta este es en la atinada alternativa y variada combinación de los vanos, en lo cual parece que fijó mas la atención el Director de la obra D. Hermenegildo Lopez.

Cerca de esta plaza y en lo mas elevado de la colina del llano de San Cristóbal, del que ya hicimos mérito en otro lugar, está el *Cementerio nuevo*, muy regular y de una capacidad bastante.

Casi desde el ex-convento de Santo Domingo, empiezan a descubrirse perfectamente los antiguos muros, y en el Oriente de la ciudad, en su punto mas elevado, se levanta el *Torreon de Ambeles*, de arquitectura romana, de sillares de una magnitud regular: su figura es la de una estrella con sus ángulos interpolados, mas y menos salientes, que no llegan a la base: está abierto por la parte de la ciudad, y desde el centro de su elevación principia una escalera de caracol: según la tradición, fue el alcázar de la antigua fortaleza, teniendo vías subterráneas de comunicación con otros torreones y con el río Turia.

Reconstruidos los muros en tiempo de D. Pedro el IV de Aragón, cúpole a la puerta de Zaragoza, *vulgo* del Tozal, entre E. y N. un torreón a cada costado, que hoy están embebidos en los edificios, y con respecto a los murales ordenó aquel monarca lo siguiente:

Item que sian fetas duas torres veques tró en egual del andador del múr, en la entrada de la porta de Zaragoza, que hajan de front cinh soldes, e isquen del mur a fora cuatro soldes, e vian ben valletjadas, ab ponts llevadizos, e entre las duas torres sia lo pasaetje de la porta, e que se continuen a lo mur, e sian envestidas en las altras duas torres vellas que y sontjá, pertal com las torres aquellas son flacas, e no ixen fora lo mur 11 de abril de 1847.

Al N. de la ciudad se encuentra otro torreón de arquitectura árabe llamado *Torre Lombardera*: construido de sillares en los ángulos, de mampostería vasta algo mas de la mitad de su altura, y el resto de tapia de yeso, cal y canto. Entre O. y N. existe otro cuadrado, y fundado sobre un peñasco, constituye parte de la muralla, siendo el contorno de esta de figura irregular, su construcción de tabiques de medio pie de espesor con sus aspilleras correspondientes, y esplanadas en los ángulos salientes, por los cuales se comunica a otra parte de la fortificación interior que se llama muro.

¡Verdadera lástima es que no se haya conservado en pie toda la muralla o al menos una gran parte de ella, ora para admirar su muchísima solidez, ora para hacer recordar a los actuales teruelanos que la argamasa para unir las piedras se tintó muchas veces con la sangre de los que las construían, edificando y peleando a un mismo tiempo contra los enemigos de la Cruz! ¡Cuántos hijos de Teruel, han perecido en dicha muralla, ya conquistando el país, ya defendiendo heroicamente la ciudad en el reinado de D. Pedro, en la guerra de la independencia, y en la triste lucha de hermanos contra hermanos!

Capítulo IX y último.

Calidad y circunstancias del terreno de Teruel. — Paseos y medios de comunicación con otras poblaciones. — Correos. — Fondas. — Producciones del país. — Artes e industria — Comercio. — Ferias y mercados de Teruel. — Las armas y títulos de esta ciudad.

Por lo que atañe a la *calidad y circunstancias del terreno*, diremos que en lo general es lo que se llama duro y poco asequible a ciertas producciones como olivos, viñedos y frutas, produciendo casi principalmente cáñamo, trigo, cebada, centeno y avena.

A Teruel fáltanle paseos, aunque con este nombre existen el llamado *Obalo*, sin duda por su figura, y el de la *Glorieta*, que ahora nada tiene de esto, pero sin embargo, es un regular sitio en algunas épocas del invierno: sirven de paseos las afueras de la ciudad y cruceros de la vega que si bien no merecen este nombre por faltarles flores y arbolado, pueden suplirlos: en cuanto a las afueras, la mejor es la carretera de Zaragoza, por cuyo punto la entrada en Teruel es amena y agradable, dominándose desde ella toda la vega. La carretera de Valencia, los trozos de las de Alcañiz y Cuenca, bastante bien construidos suplen la falta de paseos.

Yendo de Zaragoza a Teruel, muy poco antes de llegar a la Casa provincial de Beneficencia, y en el mismo lado, se encuentra un hermoso vivero que compró la Diputación de la provincia para surtir de árboles a los paseos y carreteras que sirven de comunicación con otras poblaciones importantes.

Donde se nota diariamente la verdadera animación en Teruel, es en el paseo del Obalo entre diez y una del día: allí, donde existen dos posadas y una fonda, afluyen el correo que va de Valencia y vuelve a salir luego de Teruel, allí acuden los muchos carreteros de Zaragoza, Sigüenza, Molina, Valencia y otros puntos: allí, en fin, acostumbra venderse la caza, la leña, el carbón y otras cosas que llevan los naturales o vecinos de los pueblos inmediatos. El día que el proyectado camino de ferro-carril llegue a realizarse, no dudamos que la ciudad y provincia de Teruel, ha de entrar en una nueva vida, pero vida próspera y animada: entonces el comercio recibirá mayor actividad, los pueblos podrán vender con mas facilidad sus mercancías, serán mas fáciles los medios de comunicación, y la provincia toda no podrá menos de recojer los inmensos beneficios que ha de traerla la esplotación de las muchísimas minas que encierra en sus entrañas.

La Administración de correos de Teruel está bien servida, y a pesar de la actividad desplegada para la mas pronta circulación de la correspondencia, no puede conseguirse que a Madrid, Zaragoza, Valencia, Alcañiz etc. puedan salir de Teruel y llegar en un día a su destino o al contrario las cartas o impresos; efecto todo de las inmensas distancias que separan a la ciudad de que tratamos de las poblaciones mas principales que aunque lejos rodean la provincia.

Las fondas de Teruel son la de *Fortea*, en el paseo del Obalo; la llamada de *Mochola*, en la calle del Pozo; la del *Tozal*, en la calle de su nombre; la de *Zapater*, en la calle de los Amantes; y algunas posadas y regulares casas de huéspedes.

Las producciones del término municipal de Teruel, dijimos antes que eran algo escasas, menos el cáñamo, que es el ramo que constituye esencialmente la riqueza de la vega: arbolado se ve ya bastante.

Hay tenerías en el barrio de la Florida y una fábrica de bayetas al otro lado del Turia: la agricultura es la ocupación especial en Teruel, sin que, como dejamos indicado, sean conocidos hasta ahora, los preciosos resultados del vapor y demás agentes motores.

En cuanto al comercio, los efectos o artículos que se importan en la capital, son en pequeñas cantidades, algunos cereales procedentes del río Cella y del campo de Visiedo judías, arroz, naranjas de la provincia de Valencia, y géneros de distintas especies de Cataluña y Zaragoza: la esportación está circunscrita al cáñamo, tanto en hilaza como trabajado.

Respecto de ferias y mercados, el 30 de Mayo y 21 de Setiembre, se celebra feria en Teruel: en lo general se compone de contrataciones, ventas y permutas de ganado lanar, vacuno y caballar: los mercados son semanales, y a ellos acuden las gentes de los pueblos inmediatos a proveerse de los artículos que necesitan.

La Muy Noble, Fidelísima, Heroica, Vencedora y Excelentísima Ciudad de Teruel, que cuenta unos once mil, cuatrocientos treinta y dos habitantes, ha usado desde la mas remota antigüedad un escudo de armas consistente en dos cuarteles ovalados entre banderas del pabellón Nacional, conteniendo el primero las barras de Aragón en campo rojo; y el segundo en campo azul, el toro y la estrella que simbolizan la localidad, estando enlazados y sostenidos por un murciélago, emblema de la gran parte que tomaron los hijos de Teruel en la conquista de Valencia por el rey D. Jaime de Aragón, y con corona ducal; y por servicios distinguidos en todos tiempos defendiendo con tesón y denuedo la causa de la patria, y por haber resistido Teruel el sitio que la puso el brigadier Enna a fines de Junio de 1843, a pesar de la gran constancia y valor con que la atacaron las tropas sitiadoras, el gobierno provisional de la Nación por decreto de 11 de Setiembre de 1843, concedió a su Ayuntamiento el tratamiento de *Excelencia*, y el añadir a sus armas un nuevo cuartel en campo rojo, con un cañón y un obús cruzados, y en su centro una pila de balas como emblema del ataque sufrido y de la victoria conseguida, confirmando a la ciudad los títulos que de tiempo inmemorial goza de *Muy Noble, Fidelísima, Heroica y Vencedora*. Tiene por distintivo el Excelentísimo Ayuntamiento, según Real cédula de 9 de Noviembre de 1819, en vez de la banda de tafetán encarnada, concedida por Real orden de 27 de Julio de 1807, una cinta roja de aguas de una mano o algo mas de ancho, con los cantos de color de plata, dos borlas de oro a sus estremos y el escudo de armas de la ciudad en el pecho con una orla, y en ella el siguiente lema: *En premio de lealtad.*

Capítulo adicional.

El barranco de las Calaberas.

A una hora de la ciudad de Teruel, próximamente, se halla el pueblo de *Concúd*, en cuyas inmediaciones está el barranco objeto de estos renglones: la arcilla terciaria forma su base: es un depósito de huesos fósiles en bancos de mucho espesor, alternando con alguno de conglomerado y calizo.

Saliendo del lugar hacia el N. se suben y bajan tres colinas pequeñas, y después se llega a una que llaman Cavarrubia, por una especie de tierra roja, que las aguas del barranco han descubierto. Este tiene cerca de doscientos pasos de largo, treinta de ancho y ochenta de profundidad: la línea de la colina que bordea el barranco es de una peña parda de cal, mas o menos dura, en capa de dos y tres pies de grueso, llena de conchas terrestres y fluviales: hay también en el centro de las mismas peñas muchos huesos, que Bowles cree que son de buey y dientes de caballo y de jumento, con otros huesecillos de animales domésticos.

Muchos de estos huesos se conservan como los que se ven en los cementerios, otros se han calcinado, y se hallan algunos sólidos y otros que se deshacen en polvo: otros se encuentran también que, al citado naturalista y algunas personas entendidas les han parecido tibias y femures humanos, cuya cabidad está llena de una materia cristalina.

Al otro lado del barranco hay un corral [26], en que se hallan aun después de haber sacado muchos los curiosos, bastante cantidad de huesos: la crónica de la provincia dice que en otro tiempo existía una cueva, donde se vieron huesos en una capa de tierra de mas de sesenta pies de altura.

El barranco de las Calaberas, es acaso el mas admirable depósito de fósiles que se encuentra en toda Europa.

Antes de conocerse la ciencia geológica, y cuando aun no se habían hecho estudios paleontológicos, se ocuparon de dicho barranco, mas bien como objeto de curiosidad que como motivo de esploración científica, el Padre Feijóo, el naturalista Bowles, el geógrafo Antillon y el abate Juan Andrés.

Es de notar que casi todos los que se han ocupado del barranco de las Calaveras, han creído encontrar en él huesos humanos en estado fosíl, a cuya creencia ha contribuido no poco, la tradición que aun se conserva, de haberse dado una gran batalla en aquellos llanos en tiempos remotísimos. La historia ha conservado también la memoria de la derrota que allí sufrieron los celtíberos, mandados por Budar, siendo Pretor Quinto Minucio Termo.

Hemos llegado a la conclusión de nuestro trabajo: la ciudad de Teruel tiene ya su *Historia*, aunque escrita quizá de una manera desaliñada; otro tal vez consiga levantar el edificio en el que hemos colocado una piedra; y puesto que hemos escrito sobre una parte de Aragón, permítasenos antes de hacer punto, nombrar aquí a nuestros paisanos *D. Paulino Sabiron y Estevan, D. Mariano Pescador, Don Andrés Doméc, D. Agapito Diaz, Don Manuel Lopez y D. Mariano Judez*, que por olvido involuntario no mencionamos al hablar en capítulo anterior y que no menos que los demás jóvenes honran el país donde nacieron; séanos lícito también en medio del entusiasmo de que estamos poseídos, de enviar nuestro afectuosísimo saludo y un cariñoso abrazo a nuestros amigos aragoneses, D. GERONIMO BORAO, incansable literato y autor de la *Imprenta en Zaragoza* y de la *Historia de su Universidad*; a D. JOAQUIN TOMEO y a D. JOSE LOSTAL, que escribieron sobre la *Historia de Zaragoza*; a DON NICOLAS SANCHO, que escribió sobre la de *Alcañiz*; y a D. CARLOS SOLER, laborioso Catedrático del Instituto oscense, y autor de la *Historia de Huesca*, el cual, aunque no paisano nuestro, es tan amantísimo como nosotros de las glorias de Aragón y muy interesado en publicarlas. Por último, demostramos nuestra gratitud al anticuario y Catedrático del Instituto de Teruel, *Don Pedro Garcés*, por las noticias que nos ha dado para esta obra.

OBRAS

de D. Cosme Blasco.

De Geografía e Historia.

- 1.ª *Curso de Geografía-histórico-antigua*, con los periplos de Hannon y de Himilcon.
- 2.ª *Curso de Geografía universal moderna*, con un compendio de la antigua, y noticias de los hombres mas célebres en cada una de las provincias de España.
- 3.ª *Estudio Elemental de Geografía aplicada a la Historia.*
- 4.ª *Los Cometas*, su descripción, preocupaciones vulgares sobre su aparición, principales observados hasta el día.
- 5.ª *Programa de las lecciones de Geografía histórica*, esplicadas por el autor, siendo Auxiliar de la Facultad de Filosofía y Letras en la Universidad literaria de Zaragoza.
- 6.ª *Definicionario geográfico-físico*, ilustrado con notas.
- 7.ª *Noticia de los principales descubrimientos geográficos.*

NOTAS:

[1] Cortés y López. *Diccionario Geográfico.—Colección* del P. Traggia.—*Diferentes manuscritos antigüos.—Estudio y observaciones* del autor, *y otros que se citarán.*

[2] Los Anales que contiene el *Libro verde* que se conserva en el archivo del Ayuntamiento de Teruel, mencionan como los mas principales, *a Sancho Sanchez Muñoz y Blasco Garcés de Marcilla* y nosotros podemos añadir que se les unieron después los *Dolz y Garci Fernandez de Heredia.*

[3] Entre los pobladores de Teruel pocos ignoran los claros nombres de *Cuevas, Marcillas* y *Muñoces.* D. Isidoro Antillon, en sus cartas a Don Ignacio Lopez de Ansó, sobre la antigua legislación municipal de Teruel y Albarracin, página 58. 1799.

[4] Este Zeit se convirtió mas adelante a la fe cristiana, y residía en Teruel cuando el Rey le confirmó la donación que le había hecho para durante su vida, de las villas de Ricla y Magallon.

[5] Las Comunidades de Aragón alcanzaron su mayor esplendor en los siglos XIII y XIV y empezaron casi al mismo tiempo que la reconquista, fueron cuatro, a saber: la de *Teruel.* la de *Albarracin,* la de *Daroca* y la de *Calatayud.*

[6] El de *Ambeles,* situado en la ronda del mismo nombre.

[7] D. Baltasar y Don Melchor.

[8] En el siglo XII un sueldo valía en Aragón cuatro dineros de plata. *Asso.* Hist. de la economía política de Aragón, página 430 y siguientes.

[9] Marcilla es su apellido en el teatro, y en la boca del pueblo se dice Marsilla.

[10] El capitán D. Joseph Tomás Garcés, caballero de la orden militar de Ntra. Sra. de Montesa, etc. descendiente de la rama de D. Diego Garcés de Marcilla, llamado el *Amante,* presentó a S. M. en el año 1780, una Memoria sobre la genealogía de esta familia y afirma en fe de los mas seguros documentos: que los Garceses de Marcilla traen su origen de sangre real, siendo su progenitor y cabeza *Fortun Garcés,* hijo del infante D. García, y nieto del rey de Navarra D.

García I, tomando el nombre de Garcés del propio de su padre D. García.—Hijo de Fortun Garcés fue D. García Fortunez, que casó con Doña Toda, y tuvieron a D. Lope y a D. Gimeno Garcés.—De D. Lope procedió Fortun Garcés, famoso por su esfuerzo militar entre los que concurrieron en 1096 a la conquista de Huesca.—Hermano de este, y por consiguiente hijo de Lope, fue García Garcés de Marcilla, llamado así por la villa de este nombre en Navarra, de la que era señor, (de Don García y de Doña Sancha Gomez Subira, nació D. *Martín Garcés de Marcilla* que casó en Teruel con *Doña Constanza Perez Tizon*, y tuvieron a D. Sancho, D. DIEGO EL AMANTE, y D. Pedro Garcés y Marcilla.) (Memorial literario de Madrid, publicado en 1785.)

[11] Son palabras de una escritura pública, y de un papel de letra muy antigua, titulado: *Historia de los Amantes de Teruel*, que se conservaba a principios del siglo XVII en el archivo de la ciudad, copiado por el secretario Juan Yagüe y testificado por el mismo como notario público, existente en el día en el archivo de la Iglesia de San Pedro, y publicado por el Sr. Antillon en sus noticias históricas sobre los Amantes de Teruel, párrafo 1.º página número 5.

[12] Según una escritura pública «Marcilla, revolviéndose contra moros ganó en cinco años cien mil sueldos.» Consta asimismo que tomó parte en la batalla de las Navas de Tolosa, y que fue el que con el Rey de Navarra rompió el palenque de las cadenas que tenía la tienda del Rey moro; y por esta razón los Reyes de Navarra pusieron las cadenas en el escudo de Marcilla, cómo se ve en el escudo de armas de los Garceses de Marcilla, que hay en la capilla de San Juan Bautista de Albarracin, con tres fajas, la cruz, la corona real y las esmeraldas.

[13] *Gramalla*: vestidura larga hasta los pies, a manera de bata, como la de los religiosos Agustinos, de que se hizo mucho uso en la antigüedad.

[14] Antes de este fue nombrado Obispo de Teruel, *D. Juan Andrés Capero*, natural de Castellon de la Plana, siendo ya Obispo de Lugo, pero al ir a tomar posesión de su nuevo Obispado, murió en Valencia el 10 de Marzo de 1719.

[15] No podemos menos de aprovechar esta ocasión para recomendar a nuestros lectores la *Historia de la Universidad de*

Zaragoza, escrita por la envidiable pluma del que fue nuestro ilustrado Maestro y nuestro imparcial Mecenas, y ahora nuestro verdadero amigo, D. GERONIMO BORAO, justamente llamado *Príncipe de los literatos aragoneses contemporáneos*.

[16] Esta casa se halla cerrada desde los sucesos políticos de 1868.

[17] En este mismo camino encuéntrase en una casa una ventana verdaderamente morisca, y otra existe también en la calle del Mercado casi frente a la puerta falsa del templo llamado de San Salvador.

[18] Debió estar en el camino de las Estaciones donde hace pocos años se encontraron restos de sepulturas antiguas.

[19] El pueblo la llama de San Miguel, por estar cerca de este templo.

[20] *Tozal*, lugar alto y eminente.

[21] Nos referimos a la *Memoria* que se conserva en el archivo municipal de Teruel.

[22] En los alrededores de Teruel están las llamadas de *Atarazanas*, la del *Orispo*, la de *Mosen Morante*, la de la *Fuenfresca*, la del *Gallo*, la de los *Fabianes*, la del *Chorro*, la del puente de hierro y otras.

[23] Este manuscrito se titula: *Libro que trata de la fundación de Teruel y las cosas numerables y señaladas que desde entonces han acaecido.*». Este libro lo copió el P. Traggia, a fines del siglo pasado, en la librería del convento de Santo Domingo de Teruel; estaba casi completo, puesto que solo faltaba una hoja comprensiva de los años 1525, 26, 27 y principios del año 1528. El manuscrito que vio el P. Traggia en Teruel, debió ser copia del *Libro de los anales*, que aun se conserva en el archivo del Ayuntamiento, pero sin duda la conservada en el convento de Santo Domingo debió sacarse antes de que se perdieran las hojas que ahora faltan al original, que está mucho mas incompleto que la copia.

[24] ¿Podrá pertenecer esta imagen a algún paso de descendimiento, y ser la mano del costado la de alguna de las figuras que ayudaban a bajar de la Cruz a Jesucristo?

[25] Así consta del libro: *Cifra histórica, vida de los Santos Mártires San Juan de Perusia y San Pedro de Saxoferrato*, compuesto por Fr. José Herrera y Esmir, Predicador y Cronista del reino de Aragón, y dedicada desde Zaragoza a la muy antigua, muy noble y muy leal ciudad de Teruel, en sus inclitos Cónsules y Jurados, en el día 7 de Marzo del año 1690.

[26] Los del pueblo le llaman *Corral de las Maravillas*.

[27] En este capítulo, página 40, línea 9, hay una errata notable; dice — villas: mas adelante de la notable casa — Debe decir: *villas mas adelante hablaremos de la notable casa* etc., las demás erratas son de poca importancia y dejamos su corrección al buen juicio del lector.